Ba Ling Hou Mama Yang nv Gong Lue

优秀的女孩，妈妈赋予了其特殊的生命内涵。
如何教育出一个具有贵族气度的女儿，是妈妈的重要课题。

乔 麦◎编著

80后妈妈
养女攻略

家庭教育对人的成长具有极其深刻的影响，如何培养一个优秀的女孩，妈妈担负着重要角色。作为新时代的女性，80后妈妈对教育的正确认知是不可忽视的。

图书在版编目（CIP）数据

80后妈妈养女攻略 / 乔麦编著.
— 北京 ：外文出版社，2011
（80后妈妈养儿育女丛书）
ISBN 978-7-119-07283-8

Ⅰ. ①8… Ⅱ. ①乔… Ⅲ. ①家庭教育 Ⅳ. ①G78

中国版本图书馆 CIP 数据核字（2011）第 192749 号

出版策划：金哈达文化
责任编辑：杨春燕　尚论聪
装帧设计：刘敬伟
印刷监制：冯　浩

80后妈妈养女攻略

乔　麦/编著

出版发行：外文出版社有限责任公司
地　　址：中国北京西城区百万庄大街24号　　邮政编码 100037
网　　址：http://www.flp.com.cn
电　　话：(010) 68320579/68996067（**总编室**）
(010) 68995112/52881098（**发行部**）
(010) 68327750/68996138（**版权部**）
制　　版：刘敬伟
印　　制：三河市航远印刷有限公司
经　　销：新华书店/外文书店
开　　本：787mm × 1092mm　　1/16
印　　张：16
字　　数：150千字
装　　别：平
版　　次：2011年11月第1版第1次印刷
书　　号：ISBN 978-7-119-07283-8
定　　价：29.80元

Preface
前言

“80后”现已步入结婚生育高峰。“80后女孩”渐渐成长为了“80后妈妈”，是现在社会中新妈妈的主体。“80”后妈妈最大的一个特点就是，她们自身多半是中国第一代独生子女，她们的身上曾经被贴上了幼稚、娇惯、叛逆、长不大、不懂爱的一代人的标签。那么，当“80后女孩”成长为妈妈后，她们该承袭哪些优秀的传统，又该改进哪些育儿的观念？“80后”这一代具有强烈时代特色的女性又该如何做好新形势下的好妈妈？她们如何进行最佳的角色转换和正确对待孩子成长中面临的种种困惑？

中国著名的幼儿教育家与心理学专家孙瑞雪认为：“80后”是我国社会发展中重要的一代人，在育儿观念方面，他们起到了“承上启下”的作用，“80后”妈妈正逐渐淘汰中国传统的育儿观，跳出“随带”、“看护”的模式，摒弃 “唐诗儿歌”、“小写小算”等儿童早期教育的误区。

在我们编辑的这套书中，分别出版了针对男孩和女孩的育儿书，对于性别导致的生理和心理方面的差异化教育，给予妈妈们更多正确的引导和建议。因为我们知道，孩子的早期教育将直接影响到他们未来的社会角色定位。尤其早期妈妈的亲子行为，将会直接影响着孩子性格的形成和成人后正确的性别导向。本套书也力图通过许多切实的教育事例为切入点，和“80后”妈妈共同为了新一代的成长探索出一条正确的教育思路。因为很多“80后妈妈”都接受了高等教育，她们的知识背景和视野的开阔，使她们更容易接受新鲜事物和新观念；同时她们多数人都有自己的工作，不仅经济上独立，而且与社会的接触非常紧密，这一切都会促进她们在教育方面会更加开放和注重社会性。这些特点也决定了80后妈妈会更加积极的寻求有效的教育模式，她们更愿意运用自己的智慧结合专家的建议，寻找符合自己孩子个性的行之有效的办法！

新时代下的养儿育女是一门非常高深的学问，它已经完全远离了过去吃饱穿暖的最基本的“养”的问题，更注重的是如何“育”的问题。比如现代儿童心理学都普遍认为2岁前后的孩子有一个“心理逆反期”，可以用“延缓需要”、“转移注意力”来处理这些状况，但对于许多非心理专业的妈妈来说，如何更深入地从心理上帮助孩子就有难度了。如果你的孩子是个可爱聪明的女孩，本册书中通过大量精当的事例和简明的理论，从女孩的性别和心理特征出发，针对女孩的智商、学习、品质、情商、习惯以及自尊自爱等多个方面展开阐述，为家有女儿的妈妈总结了88条教育要领。尤其以后随着社会的发展，女性的成长空间会越来越广，女性正逐步从许多传统的束缚中摆脱出来，我们相信未来的社会，女性的社会角色必将占有更重要的地位。所以对女孩的教育，更要具有前瞻性。本书不但具体、细致地分析了女孩成长中的一些关键因素，也指出了她们可能的苦恼，给妈妈提出了许多中肯的建议和方法。我相信，所有妈妈都希望，女儿在家是妈妈贴心的小棉袄，在社会就是一卷华丽的锦缎，高贵而魅力无穷！那么从小帮助女儿摆正成长的方向，发挥独特的潜质，全面发展，这样成长起来的女孩，就会把命运和幸福牢牢掌握在自己的手中！

在这个信息爆炸的网络时代，面对大量的育儿信息，“80后妈妈”们也许会无所适从。也许会有忧虑情绪，担心一个孩子，一旦教育失败，该如何面对孩子和自己的未来！ 其实，只要妈妈们树立一个正确的教育理念，从生活的细节处入手，做一个有心的妈妈，做一个好心态的妈妈，孩子的健康成长就不是浮云！

“80后”的妈妈和天底下所有的妈妈一样，爱自己的孩子。只是她们很少像父辈那样，为了孩子牺牲自己的事业；她们也不会把自己未完成的梦想寄托在孩子身上；她们的生活既属于孩子，更属于她们自己。我们也相信，“80后”妈妈们会让自己的孩子，在快乐的教育环境下，健康的长大成人，加油，“80后”妈妈！

Contents

目录

第一章 80后妈妈都能培养出优雅女儿

对于一个成长中的女孩来说，气质是由内而外散发出来的芳香，它来自优雅的举止、得体的谈吐、文明的修养、艺术的熏陶、纯洁的心灵……作为妈妈，如果能在女儿还小的时候，就注重对其气质的培养，那么女儿在长大成人之后，就一定会成为一位气质高雅、温柔大方的好女孩！

第二章 80后妈妈培养冰雪聪慧的女儿

智商是指一个人的注意力、观察力、记忆力、想象力、理解力等。一般来说，智商的高低，是决定一个人智力高低的重要因素。它虽然有先天因素的影响，但如果妈妈能掌握正确的教育方法，同样也可以将平凡的女儿培养成不平凡的人才。

第三章 80后妈妈培养学习优秀的女儿

在素质教育的原野上，每粒种子都能破土发芽，每一株幼苗都能茁壮成长，每一朵鲜花都能自由开放，每一颗果实都能散发芬芳，每一个女孩都能获得成功。但妈妈一定要掌握教育的精髓，那就是让女儿成为学习的主人，成为知识的主人，成为未来的主人。

第四章 80后妈妈培养开朗乐观的女儿

一个人如能让自己经常保持孩子般的心灵，用乐观的心态做事，用善良的心肠待人，那么，他的人生一定是快乐的、幸福的。尤其是对于性格敏感而内向的女孩来说，更要注重培养其乐观的心性。这样，当她们长大后，才不会变得郁郁寡欢，离群索居。

第五章 80后妈妈培养心态平和的女儿

一位作家说："谁不爱心态平和的人，谁不爱心若止水的生命？"的确，对于一个女孩来说，她可以不聪明，可以不美丽，但是心态不能不健康。心态平和是女性温柔的特征，它远远超过了权势、财富、名利的意义，因此，不管遇到什么困难，妈妈都应让孩子保持一种平和的心态。

第六章 80后妈妈培养习惯良好的女儿

习惯是慢慢养成的。好习惯可以使孩子终生受益，坏习惯则会使孩子如临深渊。比如，一个习惯认真思考的孩子，她收获的将会是知识和智慧；一个习惯为他人着想的孩子，她收获的将会是善良和幸福；一个习惯往好处想的孩子，她收获的一定是快乐与欢笑；而一个习惯攀比的孩子呢？她收获的一定是忌妒与愤懑！

第七章 80后妈妈培养自尊自爱的女儿

自尊心是指对自己的尊重，不向别人卑躬屈节，也不容许别人歧视、侮辱。对于一个女孩来说，自尊心则是她的精神支柱。有了自尊心，她才能在人前昂首挺胸地站立起来。可以说，自尊心是女孩最为看重的财富，它对于每一个女孩来讲都是一件无价之宝。

第八章 80后妈妈培养善于交际的女儿

良好的人际关系，可以决定一个人的生存质量乃至命运的走向。要想让女儿学会处理人际关系，妈妈就应从小告诉女儿与人为善的品德，让她学会与人分享，学会去关心别人，学会主动与人交往。

第九章 80后妈妈培养独立自主的女儿

人的幸福与环境是密切相关的，但如果一个人的幸福完全依赖于环境与他人的关系、工作的成功与否等，这个人注定是不会幸福的。因此，妈妈在女儿幼年时，就应鼓励她逐渐创造出独立的世界，在情感与行为上都能达到独立自主。

第十章 80后妈妈培养品格良好的女儿

从古至今，品质高尚一直被主流社会所推崇。可想而知，一个女孩如果只注重外表漂亮，而不注重品质修养，她是很难得到大多数人认可的。相反，一个女孩如果品质高尚，但外表普通，别人却不会因为她的长相而减少对她的尊重。

第一章

80后妈妈都能培养出优雅女儿

对于一个成长中的女孩来说,气质是由内而外散发出来的芳香，它来自优雅的举止、得体的谈吐、文明的修养、艺术的熏陶、纯洁的心灵……作为妈妈，如果能在女儿还小的时候，就注重对其气质的培养，那么女儿在长大成人之后，就一定会成为一位气质高雅、温柔大方的好女孩！

001 满怀自信是给女孩的第一课

"自信"就是"相信自己"。苏联作家马克西姆·高尔基曾有过这样的表述："只有满怀自信的人，才能在任何地方都怀有自信，沉浸在生活当中，并实现自己的意志。"

自信是一种力量，更是一种动力。只有相信自己，正确评价自己，才能充分挖掘出自己潜在的能力，开拓出属于自己的一片天空。在孩子健康成长的道路上，自信心的培养也是至关重要的一课。

国际名模谢东娜从小就深为自己高个子而苦恼，因为她不能像其他女生那样穿漂亮的衣裳，只能穿妈妈手工做的衣服。她回忆说：

正是因为这种自卑，使我常常觉得自己像个丑小鸭，因此，我就格外要强，常常干一般女生不敢干的事情，爬树打架样样不落，和男孩一样野。妈妈看我这样，并不责怪我，常常邀请我的表姐到我家来玩，有时候让表姐在我面前做饭，还夸表姐心灵手巧。

听到妈妈夸表姐，我好强的性格让我也不服输，自己尝试着做起饭来。妈妈吃着我做的饭很高兴，不仅给了我肯定和表扬，还把这些点滴的进步给邻居和朋友讲："东娜长大了，和别的女孩一样心灵手巧。"我终于意识到我自己也有优秀的一面，懂得肯定自己的能力，慢慢也变得斯文自信了。

父母在教育孩子时，可以学学谢东娜的妈妈，抓住机会夸奖孩子，让孩子知道自己也是有能力的，也有别人没有的优势，让其他人来认可孩子的能力，从而提高孩子的自信心。

小清眼看就要把一张美丽的剪纸剪完了，可是就在这时，小清一不小心把剪纸给剪断了。小清立刻泄了气："我再也不剪纸了，我要把它们全撕掉！"她一边说一边伤心地哭起来。

小清的妈妈知道小清是想剪一张漂亮的剪纸，把在幼儿园学到的本领骄傲地展示给妈妈看，并渴望得到妈妈的认可。可是，事与愿违，她并没有得到预期的结果。

小清的妈妈不愧是个会教育孩子的好妈妈。她握住孩子的手，平静地告诉小清："我理解你，你是想剪出一张漂亮的纸，事实上你已经做到了。我看见你剪的纸很美，只是最后一步剪多了，不过我们还有补救的方法，想想看，怎样去补救这幅美丽的剪纸？"

小清听到妈妈这样说，擦了擦眼泪，马上高高兴兴地又拿起刚才的剪纸。小清用双面胶把剪断的那部分粘好，又修饰了一下，一张完完整整的美丽的剪纸呈现在了妈妈面前。

妈妈亲了亲小清的小脸蛋，亲切地说："我发现我家宝宝真的心灵手巧，剪出这么漂亮的剪纸，而且，做事情有始有终，妈妈奖励你一朵小红花。"

小清得到了妈妈的夸奖，又高兴地去做别的事情了。

孩子的认知水平和能力均非常有限，她独立做事时常常心怀良好的愿望，当事情的结果与她的预料反差很大时，她常常会不知所措，并且感到十分沮丧。此时，父母可以平静而温和地告诉她，你做得很棒，只是有一点小小的失误，相信你会想出好的办法来把它补救好。父母的鼓励足以唤起孩子战胜失败的信心，增强做事的能力。

这样培养最有效

自信心需要通过后天的磨炼得到巩固和加强，父母要重视培养孩子的自信，激发孩子的自信，让孩子挺起自信的胸膛做人、做事。父母可以从以下几方面去培养孩子的自信心：

1. 培养孩子的特殊才能

特殊的才能可以增强孩子的自信。父母可以根据孩子的兴趣和爱好来培养孩子的一些特长，让孩子通过发挥特长树立起信心。父母也可以通过展示孩子的特长，让其他人来认可孩子的能力，这样更能提高孩子的信心。

2. 鼓励孩子多参加课外活动

父母要多鼓励孩子参加课外活动，让她们在学业之外培养其他的兴趣与爱好；鼓励孩子参加社区义工活动，让她们多接触那些需要别人关爱和帮助的人群，这些都能增进孩子的自信心与自尊心。

3. 鼓励孩子积极尝试

父母在孩子跃跃欲试时，别对她说："不行！这很危险！"而要给孩子支持和鼓励，让她们大胆尝试，体验成功和失败，并从这种成功的体验与失败的感受中，不断增强信心，增强她们"我能"、"我会"的积极进取心。

4. 随时巩固孩子的自信

巩固孩子的信心是一个不间断的过程，当父母看到孩子因不断成功而树立起信心时，千万不能以为大功告成，这时更要不断鼓励孩子，巩固其自信心。孩子在不断的鼓励中，就会通过自己不断的努力来树立起自信。

一个取得胜利的人，他的一言一行，一举一动，都能坚强自信，毫无犹豫不决。他自信能征服一切、创造一切，这种人给人的印象是卓尔不群的，一见便能辨认他是精神充实具有伟大魄力的人。至于没有自信心的人，他们往往是人生战场上的失败者。这一种人是多疑的，连走一步路也没有坚定的信心，他们根本没有奋斗的精神。

002
教出礼貌的好女孩

人们在交往时，都渴望拥有一个良好而和谐的人际环境，都想得到别人的喜爱和尊重，而且当今社会又是一个充满竞争与合作的时代。为此，父母应该培养孩子讲文明懂礼貌的礼仪习惯，教孩子一些建立良好人际关系的知识。

可是在生活中，有好多孩子在家里的娇生惯养下，没有养成良好的礼仪习惯。这样的孩子，很不招人喜欢。

翘翘从小娇生惯养，被爷爷奶奶给宠坏了。

一天，翘翘早早就去了学校，到了学校后，她发现语文课本忘记带了，于是打电话回家让爷爷给她送过去。正在感冒中的爷爷接到电话后，拿了语文课本，马上就骑着自行车往翘翘的学校去了。半小时过去了，爷爷终于到了翘翘的学校，气喘吁吁地把课本交给了她。这时候的翘翘不但没有跟爷爷说声“谢谢”，反而还大声对爷爷说：“你怎么这么久才送到？”老师听到了，就批评翘翘说：“翘翘，你怎么可以这么大声对爷爷说话呀，你应该谢谢爷爷！”可她还是一声不吭。

还有一次，翘翘的父母带翘翘去参加一次非常正式的晚宴，但发现她站没站相、坐没坐相。别人还没入席，翘翘先一屁股坐到正中位，旁若无人地吆喝服务生要可乐，菜一上桌就伸筷子去夹，等到上龙虾这道菜时，因为是翘翘最爱吃的，她居然整盘端到自己面前，就像在家里一样。虽然大家都说“没关系，没关系”，但翘翘的父母还是看到了他人鄙夷的目光，真是如坐针毡，觉得太丢人了。

懂礼貌是一个人素养的自然表现，也是人际交往应共同遵守的规则。父母教育孩子的目标，不仅是要培养一个聪明的孩子，也要培养一个文明礼貌的孩

子。所以，父母在孩子小的时候就应该教孩子如何懂得礼节。

见过辰辰的人都夸她气质好，彬彬有礼，落落大方，这是她从小到大逐步养成的。在早期教育当中，辰辰的父母对她除了开发智力、增加灵气、培养能力之外，也同步进行着文明行为的训练。辰辰父母的目标不仅仅是要培养出一个聪明的孩子，也要培养出一个文明的孩子。

从辰辰学会说话，能够听懂一些简单的提示和要求时起，辰辰的父母就有意识地在各种场合下，告诉她应该怎样做。比如早晨离开家时，要和家里人说"再见"，到了托儿所要问"阿姨好"、"小朋友好"等等。辰辰是坐医院通勤车长大的，在通勤车上，医护人员还教她学会分辈分。当她准确地称呼"爷爷"、"奶奶"、"叔叔"、"阿姨"时，那稚声稚气的样子着实惹人喜爱。

记得有一次，辰辰妈妈到幼儿园去接她，临走时没有见到她们班的于阿姨，辰辰特意跑到游艺室与于阿姨说声再见后，才高高兴兴地走了。

辰辰的父母也很注意对辰辰进行爱护公物等社会公德方面的教育。辰辰小时候非常喜欢花，一到公园就拉着爸爸妈妈给她采几朵。辰辰的父母就告诉她公园里的花是叔叔阿姨精心栽培给大家看的，是不准采的。大家都采，公园里就没有花了，那就谁也看不到了。

在街上，吃剩的果皮和冰棍杆，辰辰父母都让辰辰送到垃圾箱里，从不随意往地上乱扔。乘公共汽车，当别人给她让座时，总要说声谢谢。每当看到环卫工人或园艺工人顶着烈日清扫街路、美化环境时，都要赞扬他们对城市对社会的贡献，告诉孩子要尊重他们的劳动……

辰辰的父母把文明礼貌教育作为孩子品德教育的重要内容，通过各种途径培养孩子的礼貌行为，提升孩子的道德修养，使她成为一个懂礼貌、讲文明，让人喜爱和受人尊敬的人。培养孩子的文明礼仪习惯，既是父母的责任，也是父母对社会必须承担的一种义务。

这样培养最有效

培养孩子文明礼貌的习惯，要从一点一滴做起。父母可以从以下几个方面入手：

1. 为孩子树立榜样

父母是孩子的榜样，父母的言传身教是对孩子最生动、最有效的教育。一对好父母是一所优秀的好学校。父母要注意提高自身的修养，使用文明的语言，家人之间多使用礼貌用语，让孩子在良好的环境中养成文明礼貌的习惯。

2. 培养孩子注重个人礼仪

父母平时要教育孩子保持仪容仪表整洁，要穿着干净；行为举止上要“站如松，行如风”，走路要昂首挺胸，步速适中，防止八字脚、摇摇晃晃，或者扭捏碎步。与人交往要面带微笑。言谈措辞上要求女儿使用文明礼貌用语，如“您好”、“谢谢”、“对不起”、“没关系”等。

3. 及时纠正孩子的不礼貌行为

当孩子打断别人谈话时，要先心平气和地告诉孩子，打断别人的谈话是没有礼貌的行为。但也要谨守原则，千万别在孩子插嘴时回应她的要求，否则她会不断重复这可得逞的行为。在谈话告一段落后，要主动问孩子：“你想做什么，我现在可以来帮你。”让孩子明白，这时候才能听她说话，满足她的需要。

教育箴言

父母教育孩子的目标，不仅是要培养一个聪明的孩子，也要培养一个讲文明、懂礼貌的孩子。

003
女孩举止优雅需要从小塑造

塞攀尔·斯迈尔斯曾说过："友善的言行、得体的举止、优雅的风度，这些都是走进他人心灵的通行证。"的确，无论时代如何变迁、年轻一代的审美观如何变化，女孩父母们的观念也不会变化，他们最希望看到的依然是，女孩还是要有女孩的样子！而这个女孩的样子，毫无疑问，举止优雅要排在第一位。

婷婷的妈妈认为，女孩除了要有温柔、善良的本性，更要善解人意，有修养。一直以来，婷婷妈妈都尽量这样要求女儿。然而，婷婷现在所接触到的要么是"野蛮女友"的熏陶，要么是《武林外传》中郭芙蓉般的无厘头，再加上学校同学间的相互效仿，所以，如何培养婷婷优雅得体的举止，着实让婷婷妈妈头痛不已。

有一天，婷婷妈妈正在家中看稿。突然，传来一阵急促而重重的敲门声，仿佛发生了什么危急的事情。婷婷妈妈被吓了一大跳，急忙跑去开门，原来是婷婷忘记带钥匙了。

婷婷妈妈曾经多次跟婷婷说过，要她注意自己的行为举止，要斯文稳重一点，可婷婷就是不听。

"站有站相，坐有坐相"，这是婷婷妈妈对女儿经常念叨的一句话。婷婷妈妈想，今后婷婷是要走上社会的，而今后的社会交往将会更加注重一个人的内在修养和外在气质的完美结合。时代的变迁对人的素质、修养、行为模式等各方面都会有不同的要求，但作为女孩，除了注重内在修养的培养，也要注重举手投足间的仪态举止。

举止优雅不仅赋予了女孩柔性、大气、得体之美，更为女孩成长为小淑女奠定了最强有力的基础。但在现实生活中，像婷婷这样行为近乎粗鲁的女孩却很多，给父母带来了众多关于“举止优雅”教育的挑战。在培养她们的优雅举止时，父母一定要选择正确的方法。

珠珠妈妈很注重对女儿进行优雅教育。她知道，要想孩子成为一个优雅的人，自己必须首先成为一个优雅的母亲。因此，珠珠的妈妈在生活当中很注意自己的言谈举止。她说话时，语气平和，节奏舒缓，珠珠妈妈身边的人都觉得听她说话就是一种享受；珠珠妈妈走路的时候挺胸抬头，看上去很有精神头儿。妈妈的一举一动珠珠都看在眼里，时间长了，她的举止和妈妈竟是出奇地相似。除了以身作则外，珠珠妈妈还经常给女儿讲一些女名人举止优雅的故事。在妈妈的正确教导下，珠珠成了一个举止优雅的孩子。

家长在培养孩子的优雅举止时，应注意方式方法，只要方法正确，就不难把女儿培养成一个优雅的孩子。

这样培养最有效

女孩要塑造良好的形象，除了必须讲究礼貌礼节外，优雅得体的举止也是她的魅力筹码。优雅举止是有一定标准的，在日常生活中，父母们不妨参照以下标准，对孩子提出正确合理的要求：

1. 仪容仪表

仪容仪表的整洁对女孩来说非常重要，父母应对女儿做出如下几点要求：要把脸、脖子、手都洗得干干净净；勤剪指甲勤洗头；早晚刷牙，饭后漱口，注意口腔卫生；经常洗澡，保证身体没有异味；衣着要干净、整洁、合体。

2. 行为举止

父母应对女儿的站、坐、行以及神态、动作等方面提出一些明确的要求。例如，优美的站立姿势要求身体直立、挺胸收腹、脚尖稍向外呈V字形；要避

免无精打采、耸肩、塌腰，千万不能半躺半坐；走路要昂首挺胸，肩膀自然摆动，步速适中等。

3. 表情神态

父母要教育女儿，与人交往要表现出对他人的尊重、理解和善意，要面带自然微笑，千万不要出现随便剔牙、掏耳、挖鼻、搔痒、抠脚等不良习惯动作。

4. 言谈措辞

父母要让女儿养成使用文明礼貌用语的好习惯，如经常说“您好”、“谢谢”、“请”、“对不起”、“没关系”等。父母还应告诉女儿，沉默寡言和说话啰唆重复都是不正确的语言表达方式。

需要注意的是，父母向孩子讲解优雅举止的标准时，不要用教训、命令的口吻，而是要循循善诱、谆谆教导。当优雅举止成为孩子一种自觉的习惯时，孩子卓尔不凡的气质也就形成了。

举止优雅带给女孩的好处实在是太多了，它不仅赋予了女孩柔性、大气、得体之美，更为女孩成长为小淑女奠定了最强有力的基础。只要父母能用正确的方式指导孩子，就一定会将女儿培养成举止优雅的小公主。

女孩优雅的魅力是建筑在平凡的举手投足基础上的。有时仅仅是一举步，一弯腰，一掠鬓，一转眼，一低头，却在无声中反映了一个人的内涵和修养。因此，父母在平时就要注意培养女儿的一举一动，无论是站立、走路，还是坐靠，都要保持姿态端庄、优雅得体。

004 妈妈要特别注意女孩的谈吐

谈吐是一个人的外在灵魂，它可以让众人为之倾倒，也可以让人们产生厌恶之情。优雅的谈吐可以为女孩平添无限的魅力。然而对很多女孩来说，真正能够做到“优雅”二字却并非我们想象的那么简单。

芊芊妈妈是一个既能接受时尚、前卫信息，同时又比较传统的人，对芊芊的教育是比较开放的。芊芊独立性很强，只要是有益的活动，妈妈都会鼓励她参加。芊芊妈妈不提倡“死读书”，认为适当的社交对于芊芊今后社会适应能力的培养是非常有用的。

芊芊妈妈特别注意芊芊跟他人交流的态度、技巧，告诉她在什么场合应该怎样和别人说话，不要议论和询问他人的隐私。在谈话时，参与谈话的人不但要讲，而且还要听。自己讲话要充满信心，亲切有礼，听人说话要聚精会神，切不可漫不经心。与此同时，还要做出积极反应，有什么想法和感受，通过点头、微笑、手势、体态等不同方式随时表露出来，不要呆头呆脑，无动于衷，而要捕捉对方因你的谈话内容所产生的反应。一般来说，谈话不只是将某件事告诉某个人，而是互相沟通的交谈，是谈话双方之间的意见和情感的交流。

由于芊芊妈妈的细心引导，芊芊养成了谈吐优雅的好习惯。

可见，要孩子学会和气、文雅、谦逊地说话、行事，父母就要从日常小事上注意培养孩子讲文明、懂礼貌的好习惯。

孩子天性好模仿，学习说话，待人接物，往往都是从模仿开始的。女孩的模仿能力尤其胜过男孩，她们往往以自己的父母作为学习的榜样。她们每天都会用精细的目光观察着父母的一举一动、一言一行，并默默地模仿、学习着，往往在父母还没觉察到的时候，女儿已经学会了。

苏苏的爸爸妈妈谈话时，爸爸常常不耐烦地对妈妈嚷嚷：“少啰唆，干你的事去吧。”有一次，当苏苏不愿听爸爸的话时，她也很不耐烦地冲爸爸嚷道：“少啰唆，干你的事去吧，不要管我。”这让爸爸既吃惊也很生气，他哪想到其实苏苏正是从自己这儿学到的。

因此，父母在说话时必须注意谈吐文明。平时要多使用纯洁、优美、真诚的语言，不使用不文明的语言，以免让孩子的心灵受到污染。

这样培养最有效

有人说过：“懂得在塑造外表的同时美化自己的谈吐，合理地把握分寸，运用正确的方式才是一个聪明女人的优雅之举、优雅女人的明智之行。”因此，作为家有女儿的父母，如果想让自己的女儿将来成为一个聪明、优雅、有魅力的女人，就一定要重视从小训练女儿优雅的谈吐。那么，父母具体该怎么做呢?

1. 父母对女儿讲话要谈吐优雅

从女儿牙牙学语开始，父母一直充当着话语引导人的角色。父母平时对女儿讲话是文明，还是低俗，是温柔，还是粗暴，是有理有据，还是胡言乱语，都会被女儿不加选择地学会。可以说，父母的谈吐对女儿的影响是最大的。因此，父母平时讲话就要多加注意。父母平时对女儿谈吐优雅，女儿在这种语言环境的熏陶下，也会变得谈吐优雅。父母平时能够坐下来看着女儿，并认真地听女儿把话讲完，女儿才会去认真地倾听别人的讲话。

2. 教女儿说话要节制

交谈是双方的事情，但是有的人比较“健谈”，一打开话匣子就唠叨不停，信马由缰、海阔天空，一个人就占有了所有谈话时间，这样会令对方感到乏味和不耐烦。所以，父母要教育女儿说话时懂得有所节制，当女儿将一堆有用的、没有的事情都向你复述时，你可以对她说：“好了，你可以拣重要的说，妈妈已经听不出个数了。”另外，这个节制还指说话要讲究分寸，不能像直筒倒豆子一样，脑子里想什么，就全都讲出来。俗语说：“话到嘴边留半句。”就是告诉我们说话要讲究分寸，使别人欢心的可以说出来，当众揭人短的话最好不要讲出来。

3. 教育女儿不要说别人坏话

不是只有大人才懂得讲别人坏话，小孩子也会的，那是因为她受到了周围环境和他人的影响。比如，她听到一个人在诬陷另一个人，说另一个人的坏话，孩子并不知道这是好事还是坏事，她很可能就此学会了去说别人的坏话。或者因为女儿任性被奶奶打了一巴掌，妈妈就说是奶奶不好，那么女儿可能逢人就说奶奶不好。这样就形成了喜欢说别人坏话的习惯。所以父母要教育女儿，在背后要多说别人的好话，而不能轻易听信别人的谣言。

一个美丽的女孩，讲出满口粗俗的话，一定令人失望；一个既不美丽又满口脏话的女孩，到哪里都会令人反感。温文尔雅的谈吐，是女孩聪明、有教养、有内涵的体现。父母要从各个方面注意培养女儿做一个谈吐文雅的女孩。

005 让她拥有优雅的源泉——艺术修养

女孩本来就是上天恩赐给父母的艺术品，对女儿进行艺术素质的培养，将直接影响女儿成长中的价值趋向、思维方式、生活观念等。由于女孩特有的敏锐和细腻，她们对艺术往往有着独到的理解。父母要做富有生活情趣的人，要

有一定的艺术审美能力，女儿才能受到积极的影响。因此，从小培养女孩的艺术素养，对培养女孩的优雅气质大有裨益。

艺术修养不是天生的，它需要在艺术欣赏和才艺学习中逐渐培养和锻炼起来。孩子潜在的艺术才能是极其丰富宝贵的，要远远超过成人的估计。

馨馨是个不到3岁的小女孩，她爸爸是个小提琴手，家里经常播放优美的乐曲。在馨馨还没有出生的时候，就已经生活在音乐声中了。后来，音乐又伴随着她一天天成长，她对音乐有着一种独特的依赖性。由于馨馨太爱音乐，父母用来制止她啼哭的最有效武器就是给她放她最喜欢的音乐。

一次，馨馨爸爸为了安慰哭泣的孩子，就给她放了一首她最喜欢的曲子。可是，由于电压不足，录音机磁带“跑调”了，其时，她的哭声还没有完全停止，便哽咽着告诉爸爸：“磁带坏了！”这令站在一旁的小保姆惊诧不已，因为她一点儿都没有听出来。

从馨馨卓越的音乐才能中我们可以看出，如果让孩子经常接触艺术，慢慢地，孩子就能真正地发现艺术的美感，这样她的艺术潜能才能得到惊人的发挥。

小孩子不但有艺术潜能，还有其独特的艺术感悟。可能孩子的有些作品在成人看来觉得可笑，但是在孩子眼中却是伟大的创作。因此，家长应重视孩子的创作。

阳阳很喜欢画画，只要一有时间他便拿出画笔画个不停。有时候，阳阳画两条交织的线说是小鸟的翅膀，有时候她画两个大圆圈说是爸爸和妈妈的脑袋，有时候她画几条乱糟糟的波浪线说是大海……不管阳阳画得怎么样，每次只要阳阳把画拿到妈妈面前，妈妈总是微笑着说阳阳画得真好。在妈妈的表扬下，阳阳绘画的兴趣越来越浓，最后竟真的成了一个绘画高手。

这个故事告诉我们，孩子很需要大人的鼓励和赞扬。要知道，孩子的每一个创意，对孩子来说，都代表着独特的意义，父母不要按照自己的思维去理解孩子艺术创作的内容。

这样培养最有效

一个拥有很强艺术修养与人文情怀的女孩，一定对这个世界充满热爱，同时也一定更有魅力。父母可以从如下几个方面培养孩子的艺术修养:

1. 培养孩子的音乐素养

在音乐氛围中成长的孩子，能深切感受理解其优美、崇高的情感特征，会随着节拍和旋律的变化，任想象力充分发展。音乐对儿童的思维活动具有强烈的推动力，通过音乐的熏陶，有的孩子甚至能描绘许多闻所未闻、见所未见的事物，这对其今后的成长无疑具有极其重要的意义。所以有人说，音乐是智慧的源泉，是开启灵感的一把钥匙。因此，父母应该要培养女儿去热爱音乐。当女儿可以学步走路时，可以在她的脚上系一个小铃铛，让她在走路、跑步的节奏中感受声响；四五岁以后，父母可以开始让她唱一些儿童歌曲，也可以学习键盘乐器，键盘乐器比弦乐更适合幼儿学习。还可以带女儿上正规教育机构的音乐班。另外，父母还可以常带女儿去听音乐会，让她亲眼看看乐队指挥是怎样挥舞双臂打拍子的，认识舞台上各种各样的乐器及形式多样的演奏与演唱。这样会增强女儿对音乐的亲切感，激发她对音乐的兴趣。

2. 培养孩子的美术素养

美术是一种造型艺术。美术作品色彩协调，线条清晰，形象生动，既有助于锻炼孩子的视觉，又能够发展孩子的观察力和艺术想象力。一些简单的绘画、泥工、手工、纸工、制作玩具等和美术有关的技能，都可以培养孩子对美术的兴趣，并激发她们的美术创造能力。

父母还可以给女儿讲有趣的故事，以丰富她的绘画感与想象力。闲暇的时候，父母可以带女儿逛公园或去野外踏青，扩大她的视野，感受自然界多姿多彩的变化，培养女儿的美术能力、记忆能力以及对生活、事物的感受能力，让女儿从小养成眼看、脑想、手练三结合的学画习惯。孩子在学画过程中，很容易有受挫感。当她发现自己画得不如老师、同学时，她可能会失去耐心和信心，甚至会没了兴趣。所以，父母还应该培养女儿乐观愉悦的情绪，使生活中的事物形态、色彩、特征变成女儿自己的多彩的图画语言，让她能运用这种语言去自由自在地表达感情。

3. 培养孩子的文学素养

文学修养带给人的变化是潜移默化的，任何一篇好的文章和作品，在阅读与欣赏的过程中，都会悄悄地滋润着读者的心灵与智慧，悄悄地影响着读者的思维与行为。因此，身为父母，为了提升女儿的文学修养，最重要的就是要让女儿多读书、读好书！当然，女儿多读书、读好书少不了父母的积极引导。当女儿年幼时，父母要积极引导她看故事书、寓言、儿童报告文学、科学幻想小说。随着年龄的增长，父母可以让女儿看一些作文书、人物传记、流行小说及部分中外名著等。

培养女儿文学素养的另一途径是让她学会写作，父母可以为女儿买上一本精美的日记本，让她记下自己的每一天。另外，父母可以鼓励女儿多写信，在写信中也能锻炼女儿的文学运用能力。除此之外，父母带着女儿去春游或去动物园时，不妨鼓励女儿将有趣的事情、感受都记录下来。父母还可以多看女儿写的作文，对文中可取之处及时给予肯定、赞赏，并试着让她养成愿意修改作文的习惯，在修改之中才能精益求精。女儿的作文水平提高之后，她的文学鉴赏能力也会有所长进，对文学的兴趣会更强烈，这样，文学素养必然会得到提高。

良好的艺术修养是孩子一生享用不尽的宝贵财富。孩子是父母的未来、是父母最得意的作品，每一位父母都要认真对待自己的作品和未来。为了让自己的作品走向辉煌，父母要精心设计、精雕细琢，要多创造条件、多进行反思，让女儿在享受生活乐趣的同时拥有良好的艺术修养。

006
给女孩一份超凡的气质

气质是一个人的外在形象，可以说，人的气质美，是美的全部表现。培养女儿的气质比用服装来打扮女儿，具有更高的精神境界。在现代社会，对人的价值判断更加注重内涵，除了才气之外，气质无疑就是人性内涵的一个重要内容。所以，给女儿一份超凡的气质，就是给女儿一份无形的财富。

韵韵今年16岁，虽然外表长得很美丽，但内心却有着男孩的天性。譬如，别的女孩说话都是细声细语的，她说话的声音却很粗鲁；别的女孩笑起来都是抿嘴微微一笑，而她却是张大嘴巴，放声大笑，有时还手舞足蹈的，一点气质都没有。

再譬如韵韵的性格。女孩的性格一般都是很温柔的，可韵韵却有一种“为朋友两肋插刀”的性格，像个男孩一样仗义。要是有人欺负她的好朋友，她便会毫不客气地把别人打得落花流水；一般女孩的力气都比较小，而韵韵只要轻轻拍一下别人的肩膀或把一只手搭在别人肩上，别人都会感觉很痛，所以大家总是说她野蛮。

而且，韵韵走起路来喜欢甩着手，肩膀有点塌，头习惯往前伸，有时候跟别人说完一句话还要伸伸舌头，要么就全身扭来扭去。每当韵韵妈妈叫她淑女一点，让自己多一些女孩的气质时，韵韵总是爱理不理，并声称自己这样才是最真实的。

韵韵不文雅的举动让人感觉失去了女孩应有的气质，给人留下不端庄的印象。因为气质是一个人典型的、特定的心理特点。简单来讲，气质就是一个人由内而外散发出来的修养，它的美是通过人的外在行为如表情、语言、仪态等方面而显现出来的。一个拥有真正内在气质美的女性，即使容颜褪尽，她也仍会风韵犹存。

前英国王妃戴安娜不但拥有姣好的容貌、修长的身材和得体的服饰，还能在众人面前保持稳重，落落大方，谈吐自然，举止适度，表现出优雅、高贵的气质，给人一种雍容、华丽的感觉。所以，她一直为众多女性所羡慕和赞叹。

当年，戴安娜王妃凭借着她优雅高贵的气质征服了每一个人，她的魅力感染了全世界。气质美是一个人精神状态、个性特征、品德情趣、文化素养、生活习惯等心灵美的外在表现，美丽的容颜、入时的服饰、精心的装扮，的确能给人以炫目的美感，但这种外在美毕竟短暂浅显，而气质美比外在美更含蓄，更能够表现出一个人的精神。作为一个女孩，要想长大后拥有美好的人生，打造美的心灵，塑造良好的社交形象，体现女性美的永恒魅力，就必须培养优美高贵的气质。

这样培养最有效

气质不是与生俱来的东西，它要靠培养得来。只要父母顺应女儿的先天潜质精心打造，就一定能培养出气质超凡的女儿。那么，父母该怎样给女儿一份优雅高贵的气质呢?

1. 塑造女儿美好的心灵

一个人潜藏于内心深处的灵魂境界，诸如人格、人品、情操、格调的高低，可以直接影响到一个人的气质。培养气质，先要培养人格。为人正直、坦率、表里如一、诚实守信，这是最基本的。人格和人品都是气质美的体现。

2. 培养女儿的聪明才干

古人说：“腹有诗书气自华。”一个有着深厚教养和坚定信念的女孩，自然能体现出其高贵的气质来。父母要想培养出气质优雅的女儿，首先应在培养聪明才智方面多下工夫，只有如此，才能使你的气质充满智慧的光环，拥有经久不衰的魅力。

3. 懂得扬长避短

总的来说，女孩应有一种文雅娴静的气质美。温文尔雅、不落俗套，娴静、温柔、细致，给人以端庄的感觉，也使人感到亲近。培养优雅高贵的气质，不是强求个人改变原有的个性和气质，让人套入一个刻板的模式中去，而是引导人们依据自身的个性和气质特征扬长避短，塑造具有鲜明特征的气质美。

4. 让女儿学会保持优雅的举止

在社交中，一个女人的行为举止、风度仪表是展现她外在魅力的主要方式之一。优雅的行为举止使女性的社会交往更加轻松愉快，从而有利于事业的成功。

我们知道，优雅的行为举止在很大程度上根源于谦恭有礼和善良友好。从外表上看，礼貌是一种表现或交际形式，因为礼貌反映着自己对他人的关爱、尊敬之情。“漂亮的体形比漂亮的脸蛋要好；优雅的行为举止要胜过婀娜多姿的身段。优雅的举止是最好的艺术，它要胜过任何著名的雕塑或名画。”

一个人的魅力表现在许多方面，但主要在于特有的气质，这种气质对同性和异性都具有吸引力。因为它是一种内在的美，一种超凡脱俗的美。

007
心灵美才是真正的美

女孩都很爱美，要知道：爱美绝对不是一件坏事情。世界需要美丽，没有美丽意识的女孩很难有精彩的人生。只是，父母要告诉孩子，美丽，通常不仅仅包含简单的外表美。

蕾蕾没有一个好朋友，只因为她长得丑，她认为别人都看不起她。在偌大一个校园里，她总是形单影只，在她的生活中，充满了寂寞与无奈。她是自卑的，因为对于自己的外表非常不看好，她没有一块镜子，并且本能地躲避一切镜子。

那天，蕾蕾坐公车去市里的图书馆查找资料，就在车子快到图书馆时，上来一个女孩，蕾蕾一见那女孩的样，心里就痛苦地抽动了一下，因为那是一张十分丑陋的脸，有被严重烧伤的痕迹。

蕾蕾甚至不敢看第二眼，可是她还是忍不住又看了一眼，就是这第二眼，让蕾蕾意识到自己对容貌有多么严重的错误理解。

原来，这个女孩脸上绽放着恬淡的微笑，而没有蕾蕾的忧愁和自卑，即使面对众多观望的眼神，她也没有躲闪，而是和一个中年妇人谈笑自如，偶尔还会像一个正常女孩一样撒娇。

蕾蕾一下子受到了震撼，一直以来，她因为极度的自卑，从来不敢大方地表达自己的感情，别说撒娇了，她不由地对那女孩心生敬佩。

下车后，她直接去找那个女孩，女孩有些惊讶，蕾蕾也有些不知所措，她不知道该怎么说，她指了指自己的脸，嗫嚅道："我总是因为我的容貌而自卑……我不知道你能不能……"

那个在旁边的中年妇人一下子明白了蕾蕾的意思，她微笑着说："你难道不知道自己的脸有多么清纯吗？"

蕾蕾诧异极了，从来没有人这样跟她说过，她的父母总是说："长得这么丑，将来可怎么是好？"

那个中年妇人说："我的女儿也很美，你看她的脸充满了激情的光辉，她有什么自卑的呢？你也一样，有什么可自卑的呢？"

蕾蕾如醍醐灌顶，一下子彻悟了。

很显然，蕾蕾有这种自卑的想法与父母教育孩子的方式有很大的关系。而那个中年妇人能让一个面部有烧伤痕迹的女孩拥有极度的自信，其教育方法是值得赞赏的。聪明的父母应当告诉孩子，外表美并不一定是真正的美，心灵美才是真正的美。

苗苗妈妈带苗苗坐公交车外出，一位衣着华丽的美女坐在“老幼专座”上，照着镜子摆弄自己的发型。这时，一个老人上车了，美女装作没看见，继续弄她的头发。这时，售票员开始提醒大家：“哪位给老人让个座？”这时，坐在离门口比较远的一位女士站起来，搀扶着老人边走边说：“老人家，您坐这儿吧！”

下车后，妈妈问苗苗：“你觉得那位照镜子的阿姨美吗？”

“美。”

“那她与那位给老人让座的阿姨相比，谁更美呢？”

“照镜子的阿姨。”

“孩子，人美不美并不是看外表，要看内心。那位给老人让座的阿姨才是最美的。”

可见，如果在孩子小的时候，她就能把握美的真正标准，那么，她长大后就绝不会因为自己“不佳”的外表而怨天尤人，而会把大部分心思用在提高自己的修养和美化自己的心灵上面。

这样培养最有效

教育专家说：注重女孩容貌的人在社会上的确存在，可是绝大多数人都对此很清醒。对于一个容貌美丽却心灵空虚的人，人们总是敬而远之，而对于一个姿色平庸而内涵丰富的人，人们总是愿意有更多的机会接近她。父母要注意培养孩子不要只注重外表的思想，具体可从如下几个方面去做：

1. 不要苛求孩子必须漂亮

如果我们这样做，只表明每个人都觉得女孩就应该长得美，而且必须长得美，否则就难以见人。如果一个女孩很漂亮，就要侧重对她的其他方面进行评判，不能将注意力集中在她的外表上。

2. 不要对孩子的相貌进行批评、取笑或是过多地赞美

无论是批评还是赞美，虽然父母可能漫不经心，但会造成影响女儿一生

的错误的认识。你若说她鼻子太大或腰长得太粗，她可能终生讨厌那部分。

3. 妈妈不要老抱怨自己的外表

很多父母，尤其是妈妈，经常会对着镜子抱怨："岁月不饶人啊，又老了！"其实，妈妈的这一态度是错误的，它传达给了爱美的女儿一种这样的观念：衰老是可怕的，衰老会让人失去一切，包括自尊。然而，聪明的妈妈却不同，她会给女儿做一个自我肯定的榜样，她会让女儿知道任何年龄段的人都应该得到别人的尊重。

4. 培养孩子的心灵美

要告诉孩子心灵美是人的教养、涵养、气度等的表现。只有纯洁的心灵美才是真正的美。

在孩子过分重视外表美的时候，父母要让孩子知道外表美的缺陷可以用内心美来弥补，而心灵的卑劣却不是外表美可以抵消的。

第 二 章

80后妈妈培养冰雪聪慧的女儿

智商是指一个人的注意力、观察力、记忆力、想象力、理解力等。一般来说，智商的高低，是决定一个人智力高低的重要因素。它虽然有先天因素的影响，但如果妈妈能掌握正确的教育方法，同样也可以将平凡的女儿培养成不平凡的人才。

008 创造力使女孩更聪慧

创造力是一个人发现、探索、掌握新事物的能力，体现在孩子身上，则是智力和能力的挖掘，是其能否成才的重要因素。有创造力的人是一个聪明的人，能够把学到的知识灵活运用到生活中，创造出新的东西。如果父母希望自己的孩子能够取得成功，就要重视对孩子创造力的培养。

创造力是孩子与生俱来的天赋与潜能，事实上，每个孩子都有着她独特的创造力，只是有时做父母的没有发现而已。

彤彤的爸爸考彤彤："树上有十只鸟，用枪打掉一只，还有几只？"彤彤的大眼睛一转："还有两只，有一只聋哑的小鸟听不到枪声仍在树上，还有一只没有长齐羽毛的小鸟被吓得钻进树洞里去了。"

"你这孩子，净说些不着边际的话，鸟怎么会有聋哑的呢！"彤彤的爸爸不满地训斥了女儿。

其实，在这个示例中，彤彤回答正确与否并不重要，关键是她能用另一种思维去考虑问题。对于孩子这种违反常规的想法，父母不能简单否定，而应抱着尊重的态度赞赏她。像张先生这样把女儿的回答"一棍子打死"的行为，极容易抹杀女儿的创造天赋，导致女儿永远只是一个平凡的女孩。

一天，飞飞的妈妈下班回到家后，刚走近厨房，就嗅到一股怪怪的味道。她走进厨房一看，发现女儿正在厨房里。看见了妈妈，女儿直往后退，努力想用身子挡住身后的一个大钵头。飞飞妈妈走过去一看，浓烈的怪味原来正来源于这个大钵头中的东西。

原来，淘气的女儿竟然把架子上的酱油、醋、料酒、麻油、虾油卤和番茄酱等，凡是瓶装的液体流质，统统都倒在一起，调成了黑乎乎的一钵。

飞飞妈妈顿时就发火了："你什么不能玩啊？为什么这么淘气啊？"飞飞低垂着头，怯怯地说："妈妈，我想配一种药水，让蚊虫一叮就自己死掉。"

听到飞飞这样说，飞飞妈妈想，这也许是孩子的好奇心所致。如果一味地责怪她，可能会扼杀孩子的好奇心和创造力。尽管这顿晚餐弄得飞飞妈妈前所未有地手忙脚乱，但是她没有打女儿，反而告诉她应该多了解一下书本上的知识，以后长大了才能配出"蚊虫一叮就死"的药水。没想到，这些听似不经意的话，促使女儿在以后的学习中不断激发自己的创造力，并最终成为一位了不起的药品研究专家。

对此，教育心理学家告诉我们，飞飞的这种行为表面上看是在搞"破坏"，其实是天性使然，是其创造力萌芽的一种体现。孩子们对陌生的事物充满新鲜、好奇，并身体力行，想用自己的头脑和双手来探求这个未知世界。合理利用孩子的这种天性，适当地加以引导、鼓励，孩子的创造力就会得到进一步发展。

当孩子产生了创造的想法时，她就会动手去做，这就体现了孩子的创造力。这个时候，如果父母对其可能造成的"破坏"用赞赏的眼光去看待的话，就是在培养孩子的创造力；如果父母用反对的态度对待孩子的行为，认为孩子在毁坏东西的话，就是打击孩子的创造性。

这样培养最有效

孩子的一举一动都蕴涵着创造力，尽管它只是雏形，却又具有很大的潜力。尤其在孩子启蒙阶段，是培养孩子创造力的关键时期，那么，为了最大程度地放飞女孩的创造力，父母具体应该怎么做呢？

1. 营造活泼的家庭氛围

环境可以促进孩子创造力的发展。让孩子生活在充满自由，可以自主创造的家庭氛围中，孩子就能将其创造力发挥得淋漓尽致。

2. 让孩子多问“为什么”

让孩子敢于怀疑，遇到事情的时候多问“为什么”，这样可以发掘孩子的兴趣，增加孩子的创造性。

3. 培养孩子的好奇心

孩子遇到自己不了解的事物都会产生好奇心，并有着强烈的求知欲望。父母如果能够适时地利用孩子的好奇心，就能够激发孩子的创造力。

4. 鼓励孩子自己解决问题

当孩子遇到困难时，父母不要包办代替，直接告诉孩子解决问题的答案，而要鼓励并引导孩子自己想办法解决。

5. 启发孩子多角度思考问题

在日常生活中，要引导孩子多角度看待和分析事物。例如，问问孩子，纸张除了写字外，还有其他用途吗？凳子除了可以用来坐，还有什么作用吗？……生活中的每一个事物，都可以作为启发孩子多角度思考问题的内容。

6. 开阔孩子的视野

经常带孩子到大自然去，欣赏大自然的魅力与神奇，观察各种花草树木，了解植物与环境的关系；采集种子，捕捉昆虫；仰望苍穹，欣赏晨曦……

也可以给孩子提供适合其身心特点的读物和视听材料，可以上至天文，下至地理，深入浅出，妙趣横生，这些都可以丰富孩子的生活，开阔孩子的视野。

教育箴言

孩子对于周围的一切都有着强烈的好奇心和探索欲望，更有着强烈的创造力。父母应该为孩子营造一个自由和谐的氛围，去除束缚孩子的条条框框，鼓励她们将大胆的想法付诸行动，这样不但可以提高她们的创造力，还可以提高她们的智力。

009

给女孩一双善于观察的眼睛

观察是一个人认识事物的重要途径，是智力活动的基础。它不是一般的活动，而是一种有目的、有计划、比较持久的感知活动。它是孩子认识世界、增长知识的主要手段，是完成学习任务的必备能力。可以说，观察力在孩子的一切实践活动中都具有重大的作用。

著名生物学家巴甫洛夫一直把“观察、观察、再观察”作为其座右铭，并告诫他的学生：“不学会观察，你就永远当不了科学家。”英国著名的生物学家达尔文曾说：“我既没有突出的理解力，也没有过人的机智，只是在观察那些稍纵即逝的事物并对其进行精细观察的能力上，我在众人之上。”正因为达尔文善于观察，他才成为杰出的生物学家。这都告诉我们，很多伟人成功的秘诀是：善于观察。

丁丁是一个6岁的孩子，她非常喜欢画画。一天，丁丁回到家后，便冲妈妈嚷嚷：“妈妈，老师让我参加比赛了，我要画一幅名为《春天》的画。”听到这个消息，丁丁妈妈也感到非常高兴。

于是，丁丁妈妈决定带领女儿外出郊游，给她创造一个观察的机会，不仅让女儿能用眼睛去看，而且还要将观察融入游戏中。

五一那天，妈妈便领着丁丁去了香山公园。看到公园里那些粗壮的大树，丁丁不但仔细地对各种树皮、树枝进行了观察，还对公园里的花草进行认真的观摩。回家后，妈妈问丁丁：树叶和草的颜色是怎样的？哪些花最先开放？可因为丁丁当时并没有用心去记，所以当妈妈问她时，竟回答不出来了，于是，妈妈又带着女儿去了一次。这次丁丁主动地观察了树叶、小草的颜色，开放的春花，看到了蜜蜂在花间辛勤地采蜜，蝴蝶在花丛中快乐地舞蹈……妈妈又带着她观看了蚁穴，蚂蚁正忙着搬动一条小虫，丁丁看着这些搬动比自己身体大好多倍小虫的大力士感到非常惊讶，最后，她们还从池塘里捞出了几条小蝌蚪带回家去养……

结果比赛时，丁丁的画里不但有艳丽的花朵，还有辛勤劳动的蜜蜂、松土的蚯蚓，以及一只破壳的小鸡好奇地探头看着这新奇的世界……

可见，丁丁通过观察，认识了这个神奇的世界，了解了这个世界的美丽之处。观察是孩子认识世界的开始，也是以后改造世界的基础。

这样培养最有效

一个人的观察能力虽受先天素质的影响，但更重要的还是后天的锻炼与发展。因此，作为父母，从小就应该注重从各方面培养孩子的观察能力。那么，父母应该如何培养孩子的观察力呢？

1. 给孩子观察的机会，为孩子制造观察的氛围

我们常常因为担心孩子出危险而把她们关在家中不让其出门，这样就让孩子失去了接触大自然的机会。要教会孩子观察就要给她们观察的机会，拿一个放大镜或手电筒让孩子在庭院里或郊外自由地去探索，孩子会在这种无拘无束的探索中发现许多有趣的事物和现象！

2. 激发孩子的兴趣

对于任何事物，孩子有了兴趣，才会用心去做；孩子不感兴趣，就会“走马观花”，只能得到肤浅的认识。所以，要培养孩子敏锐的观察力，父母可以引导孩子观察她最熟悉的、最喜爱的、特征比较明显的和容易辨认的事物。在观察的同时，父母也要充满童趣和好奇心，在发现有趣的事物时，欢快地呼朋引伴；发现了寻觅目标时，高声地欢呼。父母积极、愉快地参与其中的观察活动，孩子一定会感兴趣，观察也会更有效。

3. 让孩子明确观察的目的

孩子在观察中有无明确的观察目的，得到的观察结果是不相同的。观察

的目的越明确，孩子的注意力就越集中，观察也就越细致、深入，观察的效果也就越好。比如，父母带着孩子去公园，漫无目的地东张西望，转半天回到家里，也说不清看到的事物。如果要求孩子去观察公园里的花朵，那么她就能够说出花儿的形状、颜色、大小等。这样有的放矢地观察，将会有更多的收获。

4. 从生活中的物品入手

孩子每天都与其周围的生活物品分不开，如桌子、凳子、餐具、床、毛巾、灯、电视等。家长要让孩子仔细观察和熟悉这些物品，知道这些物品的形状、材料及各种用途。如茶杯大多是圆柱状的，有陶瓷做的，也有玻璃做的，可以用来喝水，也可以用来盛豆、插花；桌子大多是长方形或圆形的，是木头做成的，可以用来吃饭或写字等；毛巾是用棉纤维做成的，可用来洗脸，也可用作擦布；锅大多是圆形的，由铁或钢做成，是用来做饭的；日光灯是长管状的，按下开关就会变亮；冰箱多是长方体状，金属做的，通电后能使食物变冷；彩电接通电源后会出现各种声音和画面。

孩子初临人世即被充满新鲜事物的世界所围绕，这个世界不断地刺激着她们的感官，不停地吸引着她们的注意力。于是，她们对新鲜事物便会特别注意，特别乐于看到事物丰富多彩的变化。所以，孩子们的早年时光一般都是在观察外界中度过的。

010

好记性是女孩智力的好储备

记忆力是女孩学习不可或缺的一种能力，一个人的记忆力强，会为她的智力活动提供更多更好的“储备”，反之就好比“巧妇难为无米之炊”。所以，从小训练孩子的记忆力，对孩子的一生都有很大的帮助，甚至使孩子终身受益无穷。

世俗总是认为男孩的记忆力通常比女孩好，但这并不科学。在些方面，女孩的记忆力要超过男孩，比如某些细节，这是因为女孩比较感性化。而男孩的目的性很强，他们会注重结果而不是过程。在复杂的情况下，男孩比较善于单刀直入解决问题，而忽视感情的因素。因此，他们的记忆力在逻辑性方面、在数字方面，都要超过女孩。而且，由于男孩注重实践，那些从生活中得到的知识、印象会更加深刻，这些都是女孩难以与之相比的。

因此，父母在帮助孩子增强记忆力的过程中，就要特别注意这些特性，用积极的方法弥补女孩的缺陷。我们首先来看一下世界记忆力冠军是怎么训练自己的：

世界记忆力大赛冠军佐治是吉尼斯世界纪录的创造者，他的记忆力非常强。1989年，他在打破吉尼斯纪录后这样说道：“我记了30副牌共1560张。那些牌在证人面前洗了两个小时。我用20个小时看了那些牌并记住次序。我可以记错8张，但我只记错了两张。我用了两个小时43分钟讲了1560张牌的点数。于是，我创造了吉尼斯纪录。”

佐治的这种超强记忆力是怎么形成的呢？有一次，佐治去听一堂课时，发现自己老是记不住。于是，他就去图书馆找来一些有关帮助记忆力的书来看，从中总结出了记忆规律，再通过训练，他才有这么好的记忆力。

事实上，一个人的记忆潜力是非常大的。据美国科学家研究，如果一个人始终好学不倦，他的大脑所能储存的各种知识，将相当于美国国会图书馆藏书量的50倍。而美国国会的藏书数量达到了一千多万册。这是一个多么巨大的数字啊！

但由于遗传、环境、教育等因素的不同，人的记忆力也会有差异。因此，很多父母经常抱怨自己的孩子记忆力不好，学过的东西记不住，或是平时复习得好好的，一到了考场就忘了。很多人都认为记忆力是天生的，是父母遗传的。其实，记忆力也是可以训练的，尤其是父母在早期就对孩子进行记忆训练，就可以使孩子的记忆力得到显著提高。

同时，影响孩子记忆力的因素也有很多，比如学习动机、学习兴趣、记忆方法、睡眠质量、情绪好坏、身心健康状况等，但是，最关键的还是良好的、适合孩子的记忆方法。所以，父母应该有意识地培养孩子的记忆力品质，在影响孩子记忆力的因素上多下工夫，力争把这些因素积极化、正面化，为孩子全面提升记忆力打下良好的基础。

这样培养最有效

在培养女孩的记忆力方面，可以有以下几种方法：

1. 培养女孩的学习兴趣

人们在做自己感兴趣的事情时，总会很投入、很专心，对不感兴趣的则很难记住。因此，要孩子学习知识，不能强迫其记忆，而是要激发孩子的学习兴趣。

2. 根据最佳记忆时间训练记忆力

大脑一般有四个记忆高潮：一是清晨起床后，大脑经过一夜休息，消除了疲劳，没有新的记忆干扰，是学习和记忆的高效期；二是上午8:00～10:00，大脑极易兴奋，适宜学习需要周密思考和分析判断的内容，也是攻克难题的好时光；三是下午18:00～20:00，大脑神经活跃，是回顾复习全天学习内容、知识归纳分类和整理笔记的黄金时间；四是晚上临睡前一小时，利用这段时间，复习难以记忆的内容则不易遗忘。父母根据这一规律训练孩子的记忆力，会收到很好的效果。

3. 将理解结合记忆

只有理解了的东西，才能更深刻地感知和记牢它。背一篇文章时，如果理解了文章的意思以后再记忆的效果一定会高于死记硬背。

4. 寻找适合孩子的记忆方法

图书市场上有一些专门介绍记忆问题的书列出了许多具体的记忆方法。父母可以带孩子买一两本，读一读，多学些好的记忆方法。

5. 逐步培养孩子自我控制能力

记忆力是孩子能够自主学习的必备武器，因此，在培养孩子自主学习的过程中，首先要帮助孩子增强记忆力。女孩比较感性，要让她在生活中具体感知各种知识。

只要父母能循循善诱，指导孩子运用科学有效的方法进行记忆，将孩子塑造成记忆小神童也不会是一件很困难的事情。

孩子记忆力的强弱在很大程度上、也可说在决定性程度上，取决于孩子在早期童年时代进入到意识中的语言的鲜明度和情感色彩程度。孩子在接受这些印象的同时，也就锻炼了记忆力。

011

打开视野激发女孩的想象力

女孩爱做梦，因此，女孩的想象力通常都比男孩丰富，她们很容易编织各种不同色彩的故事，并沉浸其中，感受生活的魅力。

可是很多父母或者老师，面对孩子的梦境，不由分说，一棍子把她打醒，还苦口婆心地说：现实点吧，别做梦了，结果让孩子变得非常呆板、枯燥乏味。一个枯燥乏味的人又如何拥有精彩的人生呢?

孩子的世界是充满想象的世界，每个人的艺术天分正是从孩提时代的想象力开始萌发的。从表面上看，孩子的想象力显得可笑而幼稚，但对其思维能力的健康成长却是非常珍贵的。

悠悠今天才五岁，她喜欢画画。一天，悠悠画了一张画，净是一些花花绿绿的“方砖头”。妈妈不解地问她：“你这画的是什么呀？”悠悠高声回答：“妈妈，我画的是鸡蛋。”“可是鸡蛋是椭圆形的呀！”妈妈纠正道。“不，方鸡蛋才不容易滑落。上次鸡妈妈因为鸡蛋滚到窝的外面，摔破了，非常伤心。所以，这次就下了方鸡蛋。”悠悠开心地说。“可是，鸡蛋的颜色也不对呀。”“这是鸡妈妈做的记号。这样，鸡妈妈就更容易分辨它的孩子了。”“不对，你这是随便乱说！”妈妈对悠悠的“胡思乱想”显然生气了，悠悠不知道妈妈为什么这么生气，不解地望着妈妈，不知如何是好……

悠悠的妈妈认为女儿的想象没有任何意义，只不过是“瞎想”、“胡思乱想”，让人听着都好笑。其实，这种认识是不正确的。鲁迅说过：“孩子是可以敬服的，他们常常想到星月以上的境界，想到地面下的情形，想到花卉的用处，想到昆虫的言语，他们想飞上太空，他们想潜入蚁穴……”孩子们的想象有时在大人看来是天真的、幼稚的、不切实际的，但有些时候她们的想象却是大人所不及的。

一位6岁的小女孩畅想2010年到月亮上植树造林的美术作品，荣获了全国儿童绘画比赛一等奖。人们看到那奇特而自由的想象，不得不感叹其神奇的想象力和创造力。

所以，父母一定不要轻视女儿的想象，即便是看来确实带点儿“胡思乱想”的意味，但这对发展孩子的想象力也是很有意义的。

培养女孩的想象力，对发掘其创造力，对她度过快乐的童年具有十分重要的作用。同时，从小培养孩子的想象力将会使孩子受益终生，因为丰富的想象力能帮助孩子从书本、音乐以及其他所有的艺术中获得更多的东西。

这样培养最有效

其实，每个成人都有孩童时期，每个孩童都曾有过七色的梦，每个梦境中都有无数的想象。但即便如此，孩子的想象力仍需要专门培养。培养孩子的想象力有多种方式，下面给父母们提供一些建议，供父母们参考：

1. 给孩子讲故事

每个故事里都有一个奇特的世界，而对故事的理解可以把孩子们领入一个新奇世界。鼓励孩子对这些故事发表自己的意见，或者想想故事中的主人公能用什么办法来摆脱困境。和孩子一起听收音机或录音带里的儿童故事，告诉她应该一边听，一边在脑子里想象故事中的情景，这对于女孩来说非常容易。

2. 让孩子自己编故事、讲故事

等到孩子已经熟悉了许多故事之后，你就应该试着和她一起来编你们自己的故事了。孩子喜欢编故事、讲故事，有时讲给小朋友听，有时讲给爸爸妈妈听，有时还会自言自语，这正是锻炼表达能力的好方法，也是发展想象力的好机会。父母要积极鼓励孩子，不要冷言冷语，更不能随便阻止。父母可以引导孩子按照某个主题去编、去讲，适时地给予赞扬，指出不足。

3. 和孩子一起做游戏

游戏是孩子想象的王国，是发展儿童想象力的最好活动。如果父母在和孩子做游戏时，模仿多种活动，凭借想象扮演多种角色，表现多种情境，那么就能激发孩子的想象力，使之自觉地将所扮演的角色进行完善。

4. 面对问题，鼓励孩子大胆想象

每当面对一个问题的时候，父母可以帮助孩子去假想，不要过早说出现成的答案，应该鼓励孩子提出一个又一个建议，然后选出最好的解决办法。可以给孩子做示范，一边想一边把自己的思考过程说出来，让孩子看到父母是怎样一步步做出最后的决定的。女孩对过程的把握能力很强，这样有助于她们从整体上把握问题。

创造想象是孩子创造才能的重要部分，但在现实生活中，孩子大胆的创造想象常常得不到大人的理解。大人们一边惊叹自己的想象不如孩子的丰富、大胆，一边又有意无意地要孩子适应大人的条条框框，对孩子的一些不符合“规矩”的大胆想象加以纠正，殊不知这种愚蠢的做法往往会过早地扼杀神童的想象。

教育箴言

孩子有自己的想象力，父母对于孩子的想象力要给予认同，而不是盲目纠正，把自己的想法强加给她。

012 女孩思维敏捷是优势

一个人智力水平的高低，主要是通过思维能力反映出来的。因此，培养孩子善于思维的好习惯是使孩子的头脑变聪明最重要的方法。善于思维是认识活动的核心，它渗透到其他智商因素之中，使其他智商因素更具理解性、概括性和深刻性。教育心理学家早就认为，人的智能结构一般是由注意力、观察力、记忆力、想象力、理解力、思维能力等诸多能力构成，而其中思维能力是智能活动的核心。

番茄酱是日本人最爱吃的一种调料，因此在这个国家销量非常大，当然了，竞争也相当激烈。在众多的经营者中，森永与可果美的规模最大。长期以来，森永的销量不及可果美的二分之一。森永的老板反复研究自己的销量不如可果美的原因，并请了专门的市场调查机构，但调查结果是：质量与可果美相当，广告宣传比可果美的投入还大。

在找不出原因之际，老板宣布了这样一条指令：从即日起，取消公司所有的会议，原会议时间内，公司全体成员，不论职务高低，都要停下手头上的事，做同样的一件事——动脑思考我们销量不及可果美的原因及应对之策。

自发动全体员工分析原因和出谋献策一个月内，全公司收到几百份建议书，其中有一名推销员提出：将番茄酱包装瓶的口改大，大到汤匙可以伸进去。

老板觉得这一建议是难得的奇招，立刻采纳，并投入生产。果然非常成功！销量急剧上升，不到半年，森永公司的销量就超过了可果美；1年后，便占据了日本大部分的市场。

森永的成功说明，思维能力可以决定一个人的命运，可以改变一个企业的命运，甚至是一个国家，任何人要想取得任何意义上的成功，都必须运用自己的大脑去思考，有思考力的人才会有创造力，才会更好地掌握知识，进而掌握自己的命运。

一个人智力水平的高低，主要通过思维能力反映出来。有一句话是这样说的："教育就是叫人去思维。"孩子学习有双重的目的，一是掌握知识，二是发展思维技能。大多数父母和教师往往只注意前者而忽略后者，因此出现了许多学习成绩较好，但思维能力较差的"高分低能"的孩子。由此可见，培养孩子广阔、灵活、敏捷的思维能力，对开拓孩子的智慧极为重要。

这样培养最有效

思维能力的重要性毋庸置疑了，那么，作为父母，该如何培养孩子的思维能力呢？

1. 让孩子养成独立思考的习惯

孩子毕竟年龄小，当她遇到一些疑难问题时，总希望父母能够给她答案。如果父母对孩子的提问，有问必答，虽然暂时解决了孩子的问题，但从长远来说，对发展孩子的智力没有一点好处。久而久之，孩子会养成依赖父母的习惯，遇到问题不会独立思考，不会自己去寻找答案。

因此，明智的父母在孩子遇到问题时，不是直接告诉孩子答案，而是启发孩子自己去想、去分析，运用自己所学的知识和经验，去看书，查资料，自己去寻找问题的答案。当孩子自己成功地解决了问题以后，她就会充满成就感，思维能力自然也会有相应的提高。

2. 时常向孩子提出一些问题

孩子如果经常面对各种问题，大脑的思维就会比较活跃。父母可以主动提出一些问题和孩子讨论。如果父母遇到一些不能解决的问题时，也可以向孩子询问一下，这样做对孩子思维能力的发展也是有好处的。

向孩子提问时，不要只问那些简单的对或错的问题，最好能根据孩子的能力，问一些开放性的问题，如：电脑都有哪些作用呢？如果我们出去旅游，去哪里最有意义呢？为什么要选择去这个地方呢？提问时要有一定的技巧。

3. 让孩子收集一些动脑筋的故事和资料

能让孩子动脑筋的故事和资料很多，有的是报道纪实，有的是寓言故事，有的是科普读物。父母可以和孩子一起收集，整理好放在书柜里。空闲时，大家可以翻阅这些故事和资料，共同讨论大家感兴趣的问题。

4. 启发孩子“异想天开”

在人们的长期生活过程中，所有的物品都有其常规功能。例如，传统观念认为，碗是盛饭用的，暖瓶是盛热水用的。如果我们变换一个视角去思考，就可发现碗还可当乐器，暖瓶还可放冰。这就是“发散思维”或“求异思维”。如果在日常生活中形成了发散性的思维模式，孩子在学习知识时就不会盲目听信，解决问题时就会思路开阔，灵活自如。

5. 节假日搞一些家庭智力竞赛

父母可以利用节假日期间举行一些家庭智力竞赛，父母和孩子轮流做主持人。为了增强气氛，可以邀请亲戚朋友或孩子的小伙伴一起参加。

打开一切科学之门的钥匙都毫无异议地是问号，我们大部分伟大的发现都应归功于“如何”，而生活的智慧大概就在于逢事都问个为什么。

013 注意力是一扇通往智慧的门

注意力是打开心智的唯一门户，门开得越大，学到的东西就越多。而一旦注意力涣散或无法集中，心智的门户就会关闭，一切有用的信息都无法进入。所以，高度的注意力，是做好事情的根本保证。

几十年前，波兰有个叫玛妮雅的小姑娘，学习非常专心，不管周围怎么吵闹，都分散不了她的注意力。

一次，玛妮雅在做功课，她姐姐和同学在她面前唱歌、跳舞、做游戏。玛妮雅就像没看见一样，在一旁专心地看书。

姐姐和同学想试探她一下。她们悄悄地在玛妮雅身后搭起几张凳子，只要玛妮雅一动，凳子就会倒下来。时间一分一秒地过去了，玛妮雅读完了一本书，凳子仍然竖在那儿。

从此姐姐和同学再也不逗她了，而且像玛妮雅一样专心读书，认真学习。

玛妮雅长大以后，成为一个伟大的科学家。她就是居里夫人。

居里夫人之所以能取得巨大的成功，就是因为她把注意力都用在了学习上，才会有那么大的成就。正如儿童教育专家斯特娜夫人说："孩子只有养成专注的习惯，才有可能在未来对自己所从事的事情全身心地投入，不被其他事情所干扰。"可是对于孩子来说，注意力往往是不容易集中的，注意力分散更是孩子的一个普遍问题。

小小在幼儿园里任何集体活动都不愿意参加，当别的孩子津津有味地游戏、学习时，她不是上厕所，就是喝水，要不就眼睛看外面，一直说："我要滑滑梯。"那天天气很热，午餐后幼儿园的阿姨组织孩子们看动画片，是非常好看的《猫和老鼠》。班里所有的孩子都被深深吸引，不时大笑，激动。可小小却趴在椅子上，眼睛木然地看着窗外，不知道在想些什么。

可可的妈妈也在为女儿注意力不集中的情况而苦恼。可可上幼儿园回家后，可可的妈妈问她老师教的东西，她都说不知道，而别的孩子则很乐意向父母表演从幼儿园学来的歌舞等；刚给她讲的故事，她就讲不出来；认几个数字，也老分不清2和5；画画时，她的手不能灵活地控制笔，叫她画个圆，往往"呼"地一笔就完，但压根儿不是圆。可可的妈妈很担心女儿的智力是不是比别的孩子低。

其实，像小小和可可这个年龄段的孩子的注意力还没有完全发展起来，她们往往不能按照成人的要求去集中注意。你要她们注意听讲，她们却去注意窗外的小鸟。按照儿童心理学来说，这个年龄段孩子是以无意注意为主，也就是说，她们会去注意外界那些有声有色的、新奇的东西和能够吸引她注意的东西。

这样培养最有效

一般来说，孩子的注意力是不太稳定的，往往对什么事都感兴趣，注意力容易随兴趣转移；同时，孩子的注意范围较小，注意力受情绪影响较大，注意力分配能力也较差。针对孩子的这些特点，父母要帮助孩子克服这些困难。所以，父母可以从以下几个方面去做：

1. 为孩子创造一个安静的学习环境

孩子的房间要尽量少布置一些图画或照片，以免给她太多与学习无关的刺激，防止孩子被图画或照片吸引，走神遐想。父母也要安静下来，不做分散孩子注意力的事，如看电视、大声议论或哈哈大笑等。在孩子学习期间，父母也可认真看书学习，以模范行为让孩子效仿。在孩子学习时，父母不要过度关心地唠叨，问这问那，更不要在孩子学习的房间接待客人，干扰孩子，使她无法集中注意力。

2. 让孩子接触一些新鲜事物

孩子对于从未见过或未听过的事物向来都很关心，这些东西也都能以其独特的魅力吸引孩子的注意。因此，父母应当把孩子带入大自然观看奇花异草，或是让孩子参观一些造型奇特的建筑，培养孩子的兴趣。另外，父母也可以适当让孩子打乒乓球、跳蹦床、走平衡木等，增加她的大脑兴奋性，因为孩子的注意力不集中常常是由于大脑皮层兴奋不起来的缘故。

3. 让孩子在游戏中培养注意力

父母要有意识地让孩子做一些可以集中注意力的游戏，比如，玩拼图、搭积木等，使孩子在浓厚的兴趣中养成专注的习惯。此外，孩子在玩游戏时常会全身心地投入进去。当孩子聚精会神时，父母不要随意打扰、干涉，不然将不利于孩子养成做事专心致志的习惯。

4. 帮孩子制订有规律的作息时间

学习是脑力劳动，要消耗大量的脑内氧气，如果父母望女成凤心切，整天都强迫孩子长时间从事单调的学习活动，必然会造成孩子大脑疲劳而注意力分散。因此，合理制订孩子的作息时间，让孩子明确什么时候可以尽情地玩，什么时候必须专心完成学习任务，对提高孩子的注意力大有好处。

一个人不能骑两匹马，骑上这匹，就要丢掉那匹。聪明人会把凡是分散精力的要求置之度外，只专心致志地去学一门。

014 女孩心灵更要手巧

有一句话是这样说的：孩子的智慧在手指上。想要开发孩子的智力，最直接最有效的方法就是让孩子的双手动起来。孩子年龄小，大脑发育很快，双手动作比较灵活，能够促进头部机能的发展，让孩子的大脑变得更加聪颖。

虽然很多父母都知道动手是促进孩子智力发展的重要途径，但是由于人们的物质生活越来越好，许多孩子本应该做也能做的事都被父母包办代替了，使孩子很少参加劳动，结果，孩子手的功能退化了。

一次，一群孩子在老师的带领下去一个自然保护区参加夏令营活动。第一天早餐，一个小女孩拿着一个煮鸡蛋发愣。

老师问："你怎么不吃啊？不喜欢吗？"

女孩告诉老师说："喜欢吃，但是这个鸡蛋跟家里吃的不一样。"

"怎么不一样呢？"老师奇怪地问。

"我家的鸡蛋是白白的，软软的，这个鸡蛋太硬，是红的。"女孩为难地说。

老师忍不住笑了，一了解才知道，这个女孩从小就没有见过熟鸡蛋的剥皮过程，每次吃鸡蛋都是妈妈或者姥姥剥好了端上来。

一位长期为学生搞军训的军官说，他问过一个小学生："你知道鸡蛋是哪里来的吗？"小学生想也没想就回答："妈妈从冰箱里拿出来的呗！"

孩子们手的功能就这样在父母的溺爱中退化了：当孩子发现自己的鞋带开了之后，居然只会急得哇哇大哭，一点办法都没有；有的孩子从小就是父母帮着穿衣服，如果父母偶尔不帮忙穿，孩子就会手忙脚乱，把扣子扣得乱七八糟；有的孩子都上小学了，还要妈妈喂饭吃；更有甚者，一些刚入校的大学生还要让父母到学校去为其安排生活。这样的孩子连成长都有问题，更不要说成才了。

人们常说"心灵手巧"，脑越用越灵，手越用越巧。经常自己动手的孩子取得成功的几率一定会比那些动手能力差的孩子高一些。

边晓春是一个性格内向的女孩，平时不爱劳动，也很少有创新思维，她想改变自己，于是寒假里向妈妈学刻水仙花。她边刻边研究水仙花的组织结构，发现不懂的问题就独自去图书馆查资料。后来，她写出了一篇小论文，还在北京市获了奖。为此，她得到了去韩国汉城参加第一届亚太青少年科学节的机会。她的爸爸说："真没有想到，仅仅是刻水仙花这一件小事，就促使女儿开始了科学探索。"

边晓春的成功告诉我们，要想让孩子学会动手，取得成功，父母就要从小培养孩子自己动手操作的能力。

这样培养最有效

孩子的动手能力对孩子智商的提高是至关重要的，那么，作为父母，该如何培养孩子的动手能力呢?

1. 父母不要替孩子做所有的事情

很多父母都会把所有的事情大包大揽，根本不给孩子自己动手的机会。其实，父母可以让孩子去做自己的事情，让她们学会自己的事情自己做，这也可以为她们将来自立打下良好的基础。比如在孩子小的时候，可以让她学会自己整理自己的玩具、洗手、洗脸，自己倒水喝、脱衣睡觉等；孩子大一点，可以让她自己打扫房间、洗一些小物品，如手绢、袜子等，帮助爸爸、妈妈拿一些较轻的物件；再大一点，负责照料自己喂养的鱼，给花浇水，洗碗、拖地、整理衣服等。

对一些略微有些难度的事情，父母可以给予孩子一些指导，教给孩子用正确的方法做事。当孩子做好了一件事情的时候，父母要及时给予孩子适当的鼓励，激发孩子的积极性，使孩子对自己充满信心。

2. 给孩子一些结构性强、操作性强的玩具

玩具是孩子天生的朋友，所以父母可以遵循孩子的心理特点和动手规律，给孩子选择一些操作性强，能引起孩子持久注意力的玩具。孩子小的时候，可以让她撕一些废纸、敲打物品、画画等。孩子大一些之后，可以教她剪纸、搭积木、拼装玩具、拼图、玩橡皮泥等，使孩子既动手又动脑。孩子在动手时学会了技巧和专心去解决问题的能力。

3. 带孩子到大自然中去

在周末或节假日，父母可以带着孩子到大自然中去，除了享受阳光和新鲜的空气之外，事先准备一些孩子可以动手参与的活动。比如说，与孩子一起玩沙子、堆城堡、盖房子等；让孩子自己采集一些植物的叶子，捕捉一些小昆虫，告诉孩子这些动植物的名称和特性，回到家中，把捕捉到的昆虫做成标本，将采集的树叶夹在书中做标签。有条件的话，与孩子一起制作一个纱网，到水中捉鱼。带孩子到大自然中去，孩子都会兴致勃勃。这样做，既培养了孩子的爱心，又提高了孩子的动手能力，何乐而不为呢?

每个父母都希望自己的孩子能够“心灵手巧”，但是，由于父母的宠爱，凡事喜欢替孩子包办，使有的孩子动手能力很差，对父母有着强烈的依赖性。父母应趁早让孩子动起手来，培养出一个真正“心灵手巧”的孩子。

015 温柔使女孩更具吸引力

温柔是一个女孩最美好、最动人的品质。温柔的女孩可以不漂亮，但可以美妙绝伦；可以不充满睿智，但可以聪慧伶俐；可以不事无巨细，但可以善解人意。温柔的女孩在社会上十分受大家的欢迎。

某公司有一个女孩，性格非常温柔，平日里，她只是默默工作，话语不多，和人聊天时也总是面带微笑。一年，公司里来了一个十分好斗的女孩，为了在办公室里迅速占据头领的位置，她不时发起进攻，很多同事在她发起的攻击之下，不是辞职就是调离。

最后，这个好斗女孩的矛头终于指向了那个温柔的女孩。某日，“好斗女”抓到了“温柔女”的把柄，立刻点燃火药，噼里啪啦一阵，谁知“温柔女”只是默默笑着，完全没有反驳，这反而让“好斗女”没了主张。最后，好斗的那个主动鸣金收兵，但也已气得满脸通红，一句话也说不出来。过了半年，这位好斗的女孩也自请他调了。

这就是温柔的力量，没有足够的“修养”，难以抵挡“好斗女”的挑衅，很多人不怕雷烟火炮，却怕这要命的温柔。因为，面对温柔，通常人们没有用武之地。难怪有位诗人说：100%的智慧加上100%的漂亮不如1%的温柔。

事实上，自古以来，中国社会对美女的标准也将温柔作为重要方面。《诗经·卫风》就曾描述“手如柔荑，肤如凝脂”，意思是说，女子的手指柔嫩如牙叶，女子的肌肤柔嫩如羊脂。而曹雪芹在描绘贾宝玉初见黛玉之时，也如此写道：“娴静时，如娇花照水；行动处，似弱柳扶风。”于是，一个温柔怜人的女子便生生跃然纸上。

温柔的女孩在不同阶段都能以一种不同的美丽出现在人前。这种美是一种亲和力和吸引力，吸引着身边的人，使人情不自禁地想与之亲近。容貌可以随岁月而老去，而年轻温柔的心却能永驻。温柔的女孩就像一朵小小的茉莉花，或是玉兰花，洁白芬芳，清新幽雅，即使干枯褪色，也依然散发着清香气味。

这样培养最有效

父母在培养孩子温柔的同时要告诉孩子决不能软弱，而是要自信自立，自尊自爱，具体可以从如下几个方面去做：

1. 告诉孩子要通情达理

父母要教会孩子懂得谦让，对别人体贴，凡事先替别人着想，不要让别人难堪。

2. 让孩子学会把握自己

父母的包办代替是孩子形成软弱性格的主要原因。一些父母对孩子百依百顺，不让她做任何事情。这等于剥夺了孩子自我锻炼的机会，久而久之，会使孩子形成软弱的性格。

3. 让孩子正确认识自己

父母要让孩子懂得人人都有所长，人人都有所短；不能因为自己不如人而产生自卑感，并因此自暴自弃，变得软弱起来。比如，要告诉孩子，幼儿园老师找小朋友表演节目，没有挑选你，但这并不能说明你是个笨孩子，回到家里你可以表演给爸爸妈妈看。同时，父母要对孩子少一些偏袒、溺爱，多一些客观的评价，使孩子建立真正意义上的自尊，而不是唯我独尊。

4. 尊重孩子，不当众揭孩子的短

性格软弱的孩子一般都比较内向，感情比较脆弱，父母尤其要注意保护孩子的自尊心。如果当众揭孩子的短，会损伤孩子的自尊心，无形之中的不良刺激也会造成孩子的软弱心理。

温柔是一种美德，软弱则是一种缺点，因此，父母一定要努力把自己的孩子培养成温柔但不软弱的孩子。

温柔是无形的力量，在温柔面前，一切邪恶都显得逊色。温柔是一块磁铁，只要你进入它的磁场之内，你就会不知不觉被它吸引，想躲也躲不开。

第三章

80后妈妈培养学习优秀的女儿

在素质教育的原野上，每粒种子都能破土发芽，每一株幼苗都能茁壮成长，每一朵鲜花都能自由开放，每一颗果实都能散发芬芳，每一个女孩都能获得成功。但妈妈一定要掌握教育的精髓，那就是让女儿成为学习的主人，成为知识的主人，成为未来的主人。

016

兴趣是学习自觉的前提

兴趣，是孩子学习知识的原动力。激发孩子的学习兴趣，能够令孩子的学习从自发走向自觉。可是，对于同样的学习，有的孩子能乐此不疲、全神贯注，有的则感到令人讨厌、苦不堪言。

叮叮是个天真可爱的小女孩，可就是爱玩，学习成绩非常差。虽然爸爸妈妈管得很严，但成绩一直就是上不去。每当爸爸对叮叮说：“爸爸教你算题好不好啊？”叮叮就会对着积极的爸爸看上一眼，然后转身离开去玩她的玩具。叮叮的父母气极了，就逼她学习，结果逼也不行，照样地玩，就打她，谁知道打也不行，叮叮还挺倔，一边号叫，一边一个劲地喊：“我就不爱学！我就不爱学！打死我也不学！”

叮叮的这种情况是现在很多孩子的真实写照。面对学习，有的孩子在听课中常常走神，有的孩子一看到书就想睡觉，像叮叮干脆直接就说很讨厌学习。造成这些问题的原因是多方面的，但其中很重要的一点就是她们对学习的兴趣不足。大家都知道兴趣是学习最好的老师，但如何培养孩子的学习兴趣也是个难题。在此，我们可以借鉴一些成功父母培养孩子学习兴趣的经验。

一百多年前出了一位震惊世界的神童，他就是卡尔·威特。威特七八岁时，已经能够自由地运用德语、法语、拉丁语等6国语言了，并通晓物理学、化学，尤其擅长数学。9岁的时候，他就考入了莱比锡大学，未满14岁就被授予哲学博士学位。两年后，又获得了法学博士学位。他取得这样的成绩是与他父亲良好的教育分不开的。

为了让威特轻松愉快地学到丰富的知识，老威特有自己独特的教育方法。他不使用填鸭式灌输，而是首先唤起威特的兴趣，然后适应其兴趣进行恰到好处的教育。

小威特三四岁时，父亲每天都要带他散步一两个小时。但是这种散步不只是简单走走，而是一边同威特谈话，一边教育。父亲从威特3岁半时就已开始教他认字，

但威特父亲的教学方法与现在学校的方法是不一样的。他首先买来10公分见方的德语字母印刷体铅字、罗马字和阿拉伯数字各10套。然后把这些字都贴到10公分见方的小板上，以游戏的形式教小威特识字。当然先从元音教起，接着以“拼音游戏”的形式在玩耍中教小威特组字。这样做的目的，就是为了培养小威特对学习的兴趣，而不会让他觉得学习是一种负担。

老威特用他的教育成果告诉我们，爱护和激发孩子的兴趣是十分重要的。让孩子喜欢学习、主动学习，最好的办法就是让孩子在游戏中感受到学习的乐趣。

这样培养最有效

让孩子学出成绩的首要条件就是使孩子对学习产生兴趣，这样孩子才能积极地去学习。那么作为父母，应该怎样激发孩子的学习兴趣呢?

1. 让孩子在学习中不断感受到乐趣

对未知的探索、对新知识的渴求，和我们旅游爬山一样，登得越高就看得越多越远，从而充满着获得知识的愉快。当孩子从学习中感到了快乐后，即使对孩子的学习管得严格些，孩子也容易接受了。

2. 让孩子在游戏中学习

如果能够让孩子尽情地游戏，很可能会让孩子在游戏中学习，让孩子慢慢地把对游戏的兴趣转移到学习上去。当然了，父母也不能让孩子玩“疯”了，可以让孩子在游戏的同时学习，做到游戏和学习相结合，这样也会让孩子对学习产生兴趣的。

3. 让孩子在努力中不断体验成功

俗话说："失败是成功之母。"孩子承受失败的能力较低，多次失败，就会使孩子失去对学习的兴趣和信心。因此，对孩子的点滴进步和成功，父母都应给予适当的表扬和鼓励，哪怕是一句"今天很不错"的话。孩子体验到的成功越多，兴趣就会越浓厚，周而复始，孩子自然就能天天向上了。

4. 教孩子学以致用

父母要鼓励孩子将所学知识运用于实际生活中，解决实际问题。孩子运用所学知识解决问题的过程，不仅是加深记忆的过程，也是体验知识价值的过程。父母还可以让孩子多参加丰富多彩的课外活动。如孩子对数学没有兴趣，就鼓励孩子参加数学兴趣小组，多做数学趣味题，就会激发孩子学习数学的兴趣。

让学生体验到自己亲自参与掌握知识的情感，乃是唤起少年特有的对知识兴趣的首要条件。没有这种自我体验，就不可能有对知识的兴趣。

017 主动学习就是个好习惯

学习是一个漫长的过程。只有孩子自己想学，愿意主动付出努力，才有可能得到最好的结果，并最终收获成功。

通过阅读名人传记，我们可以发现他们都有一个共同的特点——能主动学习。1932年诺贝尔物理学奖的获得者海森伯格就是其中之一。

海森伯格小时候与同龄的孩子有点不一样，当小伙伴们把大量的时间花在玩耍上时，他却在埋头学习。在学习的过程中，如果有不懂的地方，他就向父亲请教，如果父亲回答不上来，他就去问舅舅。总之，在没有弄懂问题之前，他是不会放弃的。

海森伯格10岁那年的一天，放学后别的孩子早已回家了，老海森伯格夫妇焦急地等待儿子回家吃饭，可是左等右等也不见海森伯格的影子。父母连忙到学校寻找，发现海森伯格正在实验室里。他们走进实验室后，孩子仍在专心致志地观察实验结果，早就把回家吃饭的事情抛到了九霄云外。

“孩子，实验是老师让你做的吗？”老海森伯格问。

“不，是我自己主动做的，我想自己亲自动手做实验，就能更好地理解书本上的知识。”海森伯格说。

见儿子能主动学习，老海森伯格很是高兴。为了对儿子表示支持，他不仅在精神上给予儿子鼓励，并努力在物质上为儿子创造学习理科的条件，为他购买了物理试验器材和相关教学辅导材料。

在父母的支持下，海森伯格的积极性比以前更高了，他的学习成绩不断提高，后来每学期考试的成绩都名列前茅，中学毕业以后顺利地考上了慕尼黑大学。

在大学里，他主动学习的精神劲头依然没减。他在学好自己专业课的同时，还去哥廷根大学听当时的物理权威玻恩教授的课，并主动把自己听课的心得交给了玻恩教授，并最终获得教授的认可，在毕业时受到教授的邀请，成为哥根廷大学的一名助教，又被破格提拔为讲师。在玻恩教授的提携和带领下，海森伯格迅速成长为著名的物理学家，并最终问鼎诺贝尔物理学奖。

通过上面这个例子，我们可以很明显地看出，海森伯格后来之所以能问鼎诺贝尔奖，除了他天资聪颖外，很重要的原因就是他具有主动学习的兴趣。培养孩子自主学习的兴趣，是父母不容忽视的一件事情。自主学习是主动的，是孩子愿意的。当孩子愿意的时候，学习就是一种喜悦，甚至是一种享受，这样学习效果就会事半功倍。

而现在很多孩子的学习主动性特别差，但是对玩电脑、看电视兴趣特别

大；写作业特别拖拉，每天都要拖到很晚，没人盯着的话就不能很好地完成；还有的孩子为了贪玩会说谎。父母急了打骂孩子也没有效果。

如果一个孩子没有养成良好的学习习惯，那她的学习是不可想象的，学习成绩也一定不会好。父母的重要任务之一，就是使孩子建立起良好的主动学习的习惯。

这样培养最有效

著名教育家叶圣陶说过："中小学的根本任务就是培养学习的习惯。"那么，作为父母，该如何培养孩子主动学习的能力呢？

1. 让孩子明白主动学习的意义

很多孩子因为学习动机不明确，所以不愿意主动学习。甚至有的孩子认为老师和父母没有明确要求学习的内容，自己就可以心安理得地不学习，要学习也只是在课堂上的40分钟，其余的时间都被浪费掉了。父母可以找一个恰当的时机，对孩子说："你的理想不是将来想当宇航员吗？可是，你现在连学习都要老师和父母督促，一点主动学习的精神都没有，将来又怎么能实现自己的理想呢？"当孩子明白主动学习的意义后，就有可能改变学习态度。

2. 每天为孩子的主动学习时间计时

让孩子自主安排学习时间后，父母可以给孩子的学习时间做记录，几天后和孩子讨论，目前的学习方式有没有可以改进的地方，拿出记录表，让孩子自己制订改进方案，并监督实施，让孩子最大程度地发挥主动性。

3. 让孩子定期汇报主动学习的收获

周末的时候，可以让孩子总结在主动学习的过程中有什么收获。这样，取得的收获可以加强孩子的自信心，强化孩子主动学习的习惯。

在素质教育的原野上，每粒种子都能破土发芽，每一株幼苗都能茁壮成长，每一朵鲜花都能自由开放，每一颗果实都能散发芬芳，每一个女孩都能获得成功，成为学习的主人，成长的主人，未来社会的主人。

018 好氛围带来的是好成绩

辅导孩子学习，实际上就是为孩子创造有力的学习环境，因为学习的根本动力还是在于孩子本身，在于孩子内在的求知欲望和成就欲望。父母所能做的，就是为孩子提供良好的学习环境。

蒙蒙的妈妈为了蒙蒙将来能够更好地适应社会，掌握更多的技能，就给她报了画画班，想通过兴趣班更好地开发蒙蒙的潜能。在兴趣班里，蒙蒙的兴趣得到了充分的调动，画画的兴趣越来越浓。为了给孩子一个良好的学习环境，蒙蒙的妈妈还在家里选择一处光线最好、最安静的地方作为专供孩子学习的固定位置。在蒙蒙的房间里面有书桌和高矮适当的凳子，还有书架和各种各样的图画书。蒙蒙是这一块领地的小主人，她可以有条理地安排自己的书籍、学习用具和心爱之物。每天早上起来，她可以很自然地坐在这里读书，然后清理书包去上学；放学回家，也就很自然地卸下书包，开始做家庭作业和课外阅读，很快就进入角色。家里人和外来的客人见到孩子在学习，就不会去打扰他，也不会毫无顾忌地高声说话。她感到很安全、很自在、很愉快，并因此逐步养成独立自主的学习态度和习惯。

蒙蒙的故事告诉我们，父母的形象、好的学习环境对孩子是受益终生的，她会以父母为榜样，不用去说教，不用去设计，她会跟着学。除了学习的氛围外，学习环境的整洁舒适对减轻孩子学习压力也能起到一定的作用。

南南今年读初三，为了考上理想的高中，她非常努力，生活也渐渐变得紧张起来。以前，她总是把自己的房间打扫得干干净净，自己的学习用品也放得整整齐齐。可是，现在她根本没有时间去做这些了。

有很多东西，比如书或考卷，常常到处丢，用的时候找不着，越找不着越着急。一天晚上，南南的一张数学练习的改正卷不见了，第二天又要上交。自己找了20多分钟，南南的爸爸妈妈又帮着找了将近1小时，最后发现被夹在数学课本里。

看到南南这么忙碌，爸爸妈妈觉得应该帮帮女儿。他们知道，一个整洁的学习环境有利于放松心情，无形中缓解了学习压力。于是，南南的爸爸妈妈帮助南南把教科书、教辅、笔记、试卷分类放好，各类物品以科目标记，按顺序摆放，并要求南南用后放回原处。这样一来，南南便有了更多的时间复习功课了。

这样培养最有效

学习环境的好坏，时刻影响孩子的思维和行动。那么，作为父母，应该给孩子创造出一个怎样的学习环境呢？

1. 给孩子创造一个欢欣愉快的家庭环境

家庭和睦，气氛融合，充满亲情之爱，可增进孩子的智力。相反，夫妻反目，争吵不休，孩子享受不到母爱或父爱，心情压抑，孤独，智力就会受损。而且家庭人际关系如果不和谐，对孩子还是一种心理干扰、情绪压力，孩子会产生焦虑、恐惧、厌烦等心态，无法安心学习。这就要求父母在孩子面前尽量保持融洽的状态。

2. 给孩子创造一个安静的环境

有的妈妈让孩子在屋里做作业，而她自己在客厅看电视，一边看还一边大声说笑，不一会儿，孩子忍受不了就想出来看看电视。这时，妈妈通常就会非常严厉地呵斥孩子，让她回自己的房间去做作业。其实，在这种情况下，孩子回自己房间做作业是非常不情愿的，她的心思都在电视上了，她会想：妈妈在那看什么呢?怎么会那么高兴呢?我也想看看！这种情况对孩子的最大影响就是容易让孩子养成无法专心学习的毛病，这对孩子的未来会产生非常大的影响。

3. 父母和孩子一起学习

正所谓"身教重于言教"，父母应当多读书看报。年幼的孩子还不懂得为什么而学习，但她们见到父母认真学习，自会仿效去做。长久的熏陶，孩子自然也会喜欢读书看报。在此过程中，父母可以和孩子一起学习，向孩子说说自己的认识，问问她们的看法，鼓励她们开动脑筋，教导她们思考问题，认清事物的是非。对于孩子提出的问题，千万不可敷衍了事，要同孩子一起寻找答案。这特别有利于孩子开拓视野、增长见识、锻炼思维。

如果父母每天和孩子一起学习，一起探讨一些学习中的问题，或者向孩子提出一些问题，让孩子帮助解答，这样还可以激发孩子的学习兴趣。

教育箴言

家庭这个基地的学习环境如何，对孩子学习的好坏及良好习惯的形成是至关重要的，父母万万不可大意。

019

要学得好就要有个合理的计划

学习是场持久战，是场马拉松，是从一砖一石开始累积起知识的高楼大厦。战争需要有整体的战略方案，长跑要平均分配体力，盖楼要先有蓝图。同理可知，学习也离不开合理的计划。

妍妍在学习上非常刻苦，成绩却一直上不去。她最大的问题就是没有计划，东一榔头西一棒子，像没头苍蝇一样，学习的效果自然也跟狗熊掰包米一样，捡了这个，丢了那个。

妍妍很出力还是学不好，渐渐就觉得自己比别人笨，也不相信自己的成绩能赶上别的同学。结果，就因为学习方法上的问题，耽误了她自己的前途。

人对于知识的掌握和记忆，都是有一定规律的，一次记忆不了太多的内容。而妍妍一忙起来，就搞临时突击，恨不得一个晚上把整本书都学一遍，力没少出，效果很不明显，越看越觉得自己什么都会，一考试就发现什么都不会。她在平常的学习中不注意对知识的积累和巩固，一到考前就临时抱佛脚，完全是凭临时加深的印象来应付考试，一考完就忘得一干二净。时间一长，学得多，忘得也多，临时突击的作用就越来越小，真碰上大考，成绩一下就下来了。

不爱做计划还有一个问题，就是心里对自己没底，看什么都觉得眼生，自信心越来越差，临场发挥也总是没有状态。拿妍妍来说，因为平时学习没有系统，只知道抓知识点，最终头脑里还是没有把知识全连接起来，没有形成一幅活的知识结构图，考前就总是觉得自己有漏洞。这是一种典型的被动式学习，根本不知道要在自己的心里建立知识库，好像是在为别人学，效果当然就差，无论学了多少，都会很快忘掉。

妍妍的成绩不好，很大原因是她没有制订好学习计划，而导致学习时手忙脚乱，事倍功半。制订了好的计划就相当于成功了一半，让我们来看看优等生是怎样制订学习计划的：

瑶瑶是北京某中学初三年级的一名学生，她现在的学习成绩在年级一直保持前五名。但在初一时，她的成绩在班里是中下等。那么，瑶瑶是依靠什么方法在较短的时间内使自己的成绩得到提高的呢？当老师在班会上请她和同学们谈谈自己的学习心得时，瑶瑶说：

"刚进中学时，我的成绩较差，后来我尝试着制订了一份学习计划，并坚持按照计划去学习，没有想到一个学期结束时，成绩真的有所提高。从那以后，每学期开始我都要制订一个学习计划，因为我觉得有计划的学习比东一榔头西一棍子乱打要有效得多。下面是我制订的学习计划，大家可以看看。"说完，瑶瑶把自己的计划书递给了身边的同学。在这份计划书里，瑶瑶不仅详细地列出了自己对每一个科目的学习计划，还制订出了具体的措施。在此，我们把瑶瑶的学习计划书附录如下：

1. 学习目标

（1）继续发挥写作的特长，参加写作兴趣小组，并参加全校的作文竞赛，在上学期语文成绩在班上列第11名的基础上，争取超越两个人，进入前10名。

（2）数学成绩一直不理想，自学时间要向数学倾斜，争取使数学成绩进入班上前15名。

（3）英语成绩最差，学习重点要放在英语上，要加强阅读和理解记忆，争取期末考试时从原先的倒数第三名提升到第25名左右。

2. 具体措施

（1）每天晚上抽出40分钟学习数学，并做一些练习题；

（2）每天早上读60分钟英语单词，增加词汇量；

（3）星期六上午用1个小时预习化学；

（4）星期六下午去图书馆看课外书；

（5）星期天上午学习英语一个半小时。

瑶瑶的这份学习计划制订得十分科学，也确实有效地提高了她的学习成绩。由此可见，制订适合自己的学习计划是大有益处的。当然，制订好计划后，还要落实执行。否则，计划也会成为一纸空文，对学习依然起不到太大的促进作用。

这样培养最有效

要想和孩子一起制订一份合理的学习计划，父母可以从以下几点入手：

1. 学习计划要重视效果

很多学生的计划总是重视学习时间，不重视学习的效果，容易导致有数量没有质量。父母可以要求孩子，做学习计划强调效果，要设定可以检验的目标，父母定期检查。这样，孩子就能摆脱读死书的怪圈。

2. 计划要注意劳逸结合

过长时间集中注意力，会导致学习的效果下降。因此，学习计划要留出休息时间，适当地放松才能保证学习的质量。作为父母，在孩子放松的时候，可以陪她共同娱乐。即使每天只有十分钟或半个小时，也能很好地调节情绪，给孩子带来新的学习动力。

3. 完成计划要给予奖励

如果孩子能够完成计划，父母可以适当给予奖励。奖励的内容最好征求孩子本人的意见，可以在周末陪孩子去游乐园玩，可以陪孩子吃一次麦当劳，也可以在经济条件许可的情况下，给孩子买一件她喜欢的礼物。奖励是一种父母为孩子庆祝的方式，一定要让孩子体会到父母的欢乐。

教育箴言

好的计划是成功的一半，没有计划、不做计划则事事困难。

020 循序渐进，一步一个脚印

宋代著名教育家朱熹说：“读书之法，在循序而渐进，熟读而深思。”学习是一个循序渐进的过程，知识的逐步积累很重要。即使是再聪明的孩子，若想一下子达到目标，那也是不大可能的。

霄霄非常聪明，从小学就上奥林匹克数学学校，一有竞赛就参加，一参加就得奖，每回的竞赛名次都是全年级第一，只有一次是和别的同学并列第一。可就是这么聪明的孩子，正常的代数几何却学得一塌糊涂，在班里也只能排二十几名。正是因为别人都夸她，让她自己也觉得自己了不起，平时上课都不爱听，认为自己这么聪明，考前临时突击一下就能过关。

高一第一个学期，她在班里还是前十名，可往后就越学越差，就像坐上了滑梯。每次考试她都临时突击，以为自己能找到捷径，而成绩就像一记耳光，狠狠地打到了她的脸上。几何老师专门找她，劝她端正态度，苦口婆心跟她说，你要是这么耽误，就太可惜了。而她还是照旧，老毛病就是改不了。

有一次物理课，她认真听了五分钟，老师出了一道特别难的题，全班就她一个举手，她站起来就答对了。后来，老师就跟别的同学说，像霄霄这么聪明，不认真听讲还及不了格，你们再不学就更不行了。结果别的同学都很努力，霄霄却没有吸取教训，还到处跟人说，我高中三年就听了五分钟物理课，就能答出一道难题，一副扬扬得意的样子。

她的问题是把学习看成应付差事，当成苦事，能躲就躲，既没有养成积累知识的习惯，也没有从学习中找到乐趣。她在高中时最喜欢去北京大学，找那里的学生玩。北大中文系的朋友跟她说，你和那些同龄人可不一样，你应该来我们学校，不然就太可惜了。而她呢，最后什么大学也没考上，最终失去了深造的机会。

霄霄的最大悲哀在于她虽然很聪明，却没有循序渐进地逐步充实自己的学识，而导致了她不完美的结局。而相当一些成功人士取得成功的秘诀就是他们很好地遵循了循序渐进这个规律。

爱因斯坦研究广义相对论时，连续搞了几年却进展不大，成果甚微。仔细查找原因，方才发现自己在大学读书时，忽视了对数学的学习和钻研，这门基础知识的底子较差。为了研究成功广义相对论，他只得搁置起眼下的研究工作，重返学校补习了三年的数学课程。

我国著名的数学家华罗庚也有类似的教训。他在自学高中课程时，时常犯急躁病，一个劲地加速，结果所学的知识成了“夹生饭”。这个教训使他领悟到：片面求快不符合读书的辩证法，必须循序渐进。后来，他宁肯比在学校里学得慢些，练习做得多些，用五六年时间才学完了高中课程。看起来高中课程学得慢了一些，但因为学得扎实，所以给他后来学习大学课程带来了方便。到清华大学没多久，他就听起了研究生的课。

爱因斯坦和华罗庚的故事告诉我们，学习、读书要扎扎实实，由浅入深，循序渐进，有时还要回顾，以暂时的退步求得扎实的学问。学习如上台阶和吃饭一样，一步跨十个台阶和一口吃成胖子都是做不到的。只有根据知识的内在逻辑程序，由浅入深、循序渐进地学习，才能真正学到知识。

这样培养最有效

循序渐进的规律，就是指求知要由易到难，由近及远，由此及彼，由表及里，由低级到高级，由简单到复杂，由具体到抽象，从而“渐渐向里寻到那精英处”，即到达理想的胜境。那么，父母具体应该怎样培养孩子循序渐进的学习习惯呢？

1. 打好基础最重要

打好扎实的基础是不能忽视的，父母要教导孩子切忌好高骛远。这正如古人所说：“九层之台，起于垒土；千里之行，始于足下。”

2. 注意孩子的学习阶段性

学习时，要考虑孩子的接受能力，不宜求之过急，贪多嚼不烂，而要注意学习的阶段性。在一定时候学一定内容，不能错过学习良机，又不能勉强“超前”，脱离智力发展的可能性。这样，才能摆脱“欲速则不达”的弊病，逐渐而牢固地将一点一滴积累成知识的长河。

3. 让孩子设定一个“次目标”

告诉孩子为了要达到“主目标”可以先设定一个“次目标”，这样会比较容易完成“主目标”。否则，孩子很有可能因为目标过于远大，或理想太过崇高而放弃，这是很可惜的。设定了一个“次目标”，便可以较为轻松地获得令人满意的成绩，减轻了心理上的压力，“主目标”总有一天也能达到。

循序渐进看起来进步不显著、成果不明显，可是，由于这种进步是一步一个脚印的进步，最终必然是高效、省时的。

骐骥一跃，不能十步；驽马十驾，功在不舍。锲而舍之，朽木不折；锲而不舍，金石可镂。

021 让孩子面对考试不再紧张

考试紧张是不少女孩的"通病"，面对考试或比赛，许多女孩往往比男孩感受到更大的压力。有时甚至会因为紧张而影响发挥，陷入"学得好考不好"的怪圈。作为父母，当孩子在考试中陷入紧张不安的状态时，一定要冷静地面对她的焦虑，帮助孩子分析所面临的形势和困难，多给孩子一些赏识和指导。让她明白，胜败乃兵家之常事，即使失败，父母也会一如既往地爱她、支持她。

小丽今年上小学五年级了，平时学习非常刻苦，做作业也特别认真。在班级小考中，她总是名列前茅。可一到期中考试或期末考试时，就会出现种种失误：不该错的地方总错，会做的题也不会做，紧张得大脑一片空白。有时候还会出现肚子疼、呕吐、腹泻、手脚发麻等，令父母感到束手无策。

今年上半年期末考试时，第一天考语文。小丽妈妈怕小丽紧张，考不好，在送她上学的路上，不停地叮嘱她。小丽仿佛很同意妈妈的看法，连连点头。

中午小丽回家吃饭，小丽妈妈问小丽，今天考得怎么样？小丽一脸的沮丧，说有好几道题今天早上还背得出的，可一进考场后，就什么也不记得了，可能丢了不少分。小丽妈妈听后既生气又无奈。在考试前，妈妈就反复地叮嘱小丽，叫她别紧张，可小丽还是紧张得不行。小丽妈妈真的不知要如何疏导她，才可以避免她在关键时刻紧张的毛病。

造成小丽考试紧张是多方面的，有时是由于妈妈对女儿的期望值过高，在一些言语中对女儿造成压力；有时是由于女孩自身的心理素质不稳定引起考前紧张。面对孩子考试紧张，应具体分析是什么原因造成的，然后给孩子创造一个宽松、自由的环境。这样孩子的紧张感就自然会消除。

有一个名叫菲菲的女生，她学习特别认真，可是她的成绩在班级中总是处于中等水平。其中的原因主要是每逢考试特别是重大考试的前几天，菲菲的情绪就会非常紧张，感到焦虑不安，生怕自己考不到好分数而被老师、父母责怪。每次考试前，她的父母都会给她定一个目标，比如要前进多少名，达到多少分等。为此，她在复习时无法集中精力，睡觉也睡不安稳，这直接影响了她在考场上真实水平的发挥。菲菲的父母也很着急，却又不知道如何来缓解女儿的紧张情绪。

于是，菲菲妈妈只好向心理医生求助。心理医生说：你的孩子之所以每次都考不好，主要还是她心中有一道坎，那就是你们对她的期望值太高。每次考试时，给孩子制订了一个又一个目标，以为给孩子的压力会变成动力。但是，对于某些心理素质脆弱的孩子来说，压力只会变成阻力，甚至会给孩子制造不必要的紧张。

教育专家认为，当孩子面临考试或比赛出现紧张情绪时，父母应该给孩子充分的赏识和鼓励，告诉孩子："只要努力，就一定会取得满意的成绩，我们相信你！"当孩子缺乏必要的准备时，应该给孩子适当的帮助和指导，让孩子有更充分的准备。

这样培养最有效

为了有效缓解孩子的考试紧张情绪，给孩子创造一个宽松、自由的环境，父母可以按照如下方法帮助孩子克服紧张心理：

1. 深呼吸法

如果孩子在考试中出现过度紧张，可教孩子将双手交叉放在桌面上或者膝盖上，先深吸一口气，同时闭目养神，屏住呼吸，稍停一会再慢慢呼出，这样反复3~4次，可达到全身放松的目的，有效改善大脑缺氧状态，使紧张心情逐渐平静下来。

2. 注意力转移法

当孩子在学习中遇到难题解不出来时，可教孩子把它放一放，先不去想，休息一会儿再想或放到第二天再想。又如，孩子准备上台演出，总是紧张得手足无措。这时，父母可引导孩子谈论或做些别的不相干的事，使孩子不再注意演出的事，紧张情绪自然就克服掉了。

3. 体育锻炼法

如果孩子在考试中老出现紧张的心态，做父母的，可在平时多带孩子参加一些体育运动或户外运动。比如，打乒乓球、骑自行车、游泳、郊游等。这些活动有助于加速血液循环，驱散紧张的情绪。

教育箴言

心理学家认为，紧张是一种有效的反应方式，是应付外界刺激和困难的一种准备。有了这种准备，便可产生应付瞬息万变的力量。因此，紧张并不全是坏事。然而，持续的紧张状态则能严重扰乱机体内部的平衡，并导致疾病。针对孩子考试紧张的现象，应具体情况具体对待。

022 学习重在收获而不是分数

“考考考，老师的法宝；分分分，学生的命根。”这是多少年分数教育下人人皆知的流行语。实际上，现在中国家庭父母对子女的教育大都仍属于分数教育。中国家庭分数教育是中国应试教育在家教中的反映，家庭的分数教育是学校的分数教育的反映。

这种分数教育观念在家庭教育中使父母形成了一个盯着分数不放的错误思

想。孩子考了好分，父母在赞赏孩子的同时也跟着无比荣耀，考试分数不仅成为孩子的命根，也成为父母的命根。他们把孩子的分数看得很重，并且整天因为分数问题而紧张兮兮，使孩子生活得很不快乐。让我们来看看下面这幅可能大家都比较熟悉的场景：

那天，小约从老师手里接过数学试卷，糟了！59分！小约垂头丧气地回到家中，胆怯地靠在门旁边，眼睛紧盯着脚尖："妈妈，我只得了59分。""啪！"一记耳光落在了小约的脸上，妈妈的眼睛瞪得像铜铃，额上的皱纹形成了一个倒立的"八"字，左手叉腰，右手抓起苍蝇拍，照着小约的屁股上就是一下，嘴里说着："你这个不争气的东西，我辛辛苦苦送你上学，你不好好读书，才考了个59分，我看你疯了……"一碗不知什么滋味的饭是和着泪水咽下去的。

"不争气的，还不去洗碗！"

"不争气的，还不去扫地！"

……

今天，小约从老师手里接过物理试卷，啊！100分！小约哼着小曲像小燕子似的"飞"进家门，"妈妈，你看100分！"

"叭！"一个响亮的吻印在了小约的脸上。小约妈妈那大大的眼睛眯成一条缝，额上的皱纹变得温柔了，双手紧抱着小约，嘴巴笑得合不拢："哈哈哈……我的女儿真好，真乖。"

午饭是小鸡炖蘑菇，鱼汤……

"别，碗不要洗了，油星子会溅到你衣服上……"

"别，地也不要扫了，灰尘会迷了你的眼……"

……

像小约的妈妈这样，孩子考了高分，父母心里就非常高兴，眉飞色舞，情不自禁；当孩子考了低分时，父母往往遮遮掩掩，情绪低落，感觉脸面无光。面对这些，所有的父母都应该认真想一想：您到底爱的是孩子，还是分数？

现在的孩子为了在学习上考出好成绩，几乎将整个人的精力都放在了学习、考试上。而父母把所有的资源和希望都放在孩子身上，造成了孩子的精神紧张、压力巨大。甚至因为父母过分看重分数，而引发了令人震惊的悲剧。

不满十岁的青海男孩小夏，聪明好学，学习成绩优异，一直是学校的三好学生，是一个老师和同学都喜欢的好孩子。但是，他的母亲仍因他考试分数没有达到自己的要求而经常打骂他。小夏最后竟然被自己的亲生母亲活活打死。一个聪明可爱的孩子，竟成了分数至上的牺牲品。几周后，小夏的妈妈也自缢身亡，其遗言是："光用分数来要求孩子，是愚蠢的……"

这是极端的例子，是因为父母不能正确对待分数而付出生命代价的例子。而因为父母过于看重分数，导致孩子精神失常，导致孩子自暴自弃，使孩子与父母感情破裂的例子，在中国这块土地上又何止万千啊！

考试分数并不能代表孩子学习质量的全部，考卷也不能决定一个人的价值。父母应体谅一下那些因为分数不好而愁容满面的孩子，不要使孩子成为分数的奴隶。

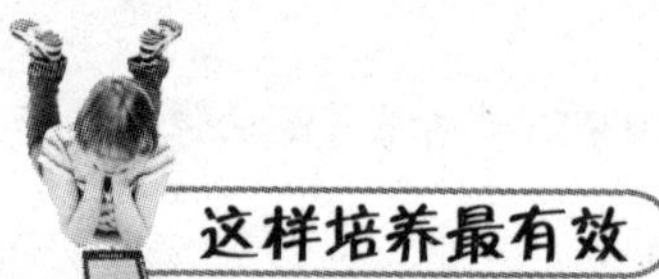

这样培养最有效

分数固然重要，但是孩子的身心健康更重要。父母一定要把握好这个概念和尺寸，不要再逼迫孩子去争分了。其实，那是用孩子的身心健康去换分数，值得吗？因此，父母可以从以下几方面来正确对待孩子的分数：

1. 不要过分看重分数

尽管分数可以客观地显示出孩子对所学知识的掌握程度，但它并不是衡量一个人的标准。因为一些平时学习用功、成绩相当不错的孩子，也不能保证每次考试都能取得高分。如果孩子运气不佳，正好赶上自己感到棘手的问题，也可能会考得一塌糊涂。这时如果父母只关心分数而对孩子训斥，孩子就会变得垂头丧气，对学习失去信心。其实，孩子未必就那么差，只不过在试卷上没有发挥出来而已。

2. 不要紧盯孩子的课内学习

父母不要把眼光仅仅盯在孩子的课内学习上，盯在孩子的作业上，而应该让孩子扩大知识面。孩子作为社会的一个成员，应该了解社会所发生的事情。如果孩子领会到生活的一切时间和空间都是她学习的课堂时，那这个孩子的将来一定会是成功的。

3. “三百六十行，行行出状元”

成才的路有千万条，父母不必强迫孩子一定要考上重点大学。只要孩子有兴趣，不管干什么工作，都可以取得非凡的业绩，成为佼佼者。只要孩子做得比较好，为社会所需要，能够实现自己的潜能就够了。

教育孩子的时候，不应该光拿分数去衡量孩子学习的好坏。当然并不是说分数一无是处，但分数并不是评价一个孩子是否优秀的全部。

023 一本书改变一个孩子

培根说过：“书籍好比食品，有些只需浅尝，有些可以吞咽，有些则需要仔细咀嚼，慢慢品味。所以，有的书只要读其中一部分，有的书只需知其中梗概，而对于少数好书，则要通读，细读，反复读。”所以，指导孩子读书，教给她们有效的读书方法是非常重要的。

文文三岁时，就很喜欢看书。妈妈见此，便开始有意识地培养她独立看书的习惯。上小学后，文文只要有时间就去图书馆看书。妈妈在欣喜的同时，却发现文文看书的收益不大。有时文文看完书回家后，妈妈问：“你今天看的是什么书呢？内容精彩吗？”结果文文回忆了半天，却说不出具体的内容来，只是说："看了讲科学家童年故事的书，还有智力游戏的书……"从文文的回答中，妈妈知道她读书可能不讲方法，便决定帮助她改正这个缺点。

星期天，妈妈和文文一起来到了图书馆。在少儿读物前，文文一次就拿了五本书放在自己面前，一会儿翻一下这本书，一会儿又看看那本书，接着放下这本书，又重新拿起已经翻过一次的那本书，几分钟后又合上，再拿起另一本书，就这样一个小时过去了，她实际上每本书都没有认真地看上几页。

妈妈对文文说道："文文，看书之前你首先要有一个计划，比如这个星期、这个月看什么书，你首先自己要明确，这样的话到了图书馆以后你看书的目的就会很明确。看书的时候要集中精力，不要左顾右盼，如果不专心的话，你是很难集中你的注意力的。要记住，看书不光光是让你简简单单地看书上的文字，你还应从中感知作者的思想和感情。所以，这就要求你在看书的时候，多做读书笔记。当然，并不是所有的书都要求你这样细致地读，有些趣味类的书你就可以选择自己喜欢的内容看一下。"

文文听后，很认真地点了点头。

文文通过正确的读书方法取得了很大的成就，这一切不能不归功于文文妈妈对她的正确引导。读书对于孩子来说，是一件非常重要的事情。如果孩子热爱读书，那么，她就可以从书中得到更多的知识，让她可以更全面地看待这个世界。

这样培养最有效

生活中，还有很多孩子没有掌握正确的读书方法，书读得不少，但是收益却不大。因此，父母在督促孩子多读书的同时，也有必要教给孩子一些读书的技巧，孩子就会从中感受到乐趣，从而越来越爱读书，养成好学的习惯。其实，并不是只要孩子看书，就会有所收获。读书要有针对性，要集中精力，那么，究竟什么才是正确的读书方法呢?

1. 要支持孩子多读书

在孩子的耳边经常会有这样的话："一天别不顾正业，学点有用的。""老是看闲书，有什么用啊？"……其实，父母应该给孩子更多的支持，应该鼓励孩子养成读书的习惯，使孩子能在多方面发展，知识体系的多元化会更利于孩子的健康成长。

2. 掌握基本的阅读方法

读书是精读好呢，还是略读好呢？精读和略读是最基本的阅读方法。精读注重的是理解和领会，如果孩子读的是各种参考书，还是以精读为好，因为这类书的内容大多与孩子的课本有关联。略读主要是扩大孩子的知识面。比如孩子看的是一本与学习无关的书，而孩子本身又对它的内容不感兴趣，这样的书就可以略读。

3. 让孩子多读一些好书

父母要尽可能地为孩子选择一些好书，这样就可以拓宽孩子的知识面，丰富孩子的知识。父母在为孩子选择图书的时候，需要重视的是书的内容，而不是内容以外的包装或是其他东西。

书是人类智慧的结晶。养成良好的阅读习惯，就如同站在巨人的肩膀上，可以看得更远。考试越来越强调能力，而能力是学来的，基本途径之一就是读书。

第 四 章

80后妈妈培养开朗乐观的女儿

一个人如能让自己经常保持孩子般的心灵，用乐观的心态做事，用善良的心肠待人，那么，他的人生一定是快乐的、幸福的。尤其是对于性格敏感而内向的女孩来说，更要注重培养其乐观的心性。这样，当她们长大后，才不会变得郁郁寡欢，离群索居。

024

能乐观，就不会有烦恼

不同的人对同一件事情会有不同的态度。乐观的人与悲观的人对事情的看法是截然不同的。下面这个小故事中乐观的孩子面对事物时能够看到光明、有希望的一面，而悲观的孩子就仅仅从阴暗、消极的方面来看待事物。

有一对性格迥异的姐妹，她们中的一个出奇的乐观，一个却异常的悲观。

她们的父母认为如此极端的性格对孩子的将来并不利，因此希望姐妹俩的性格都能改变一些。于是，她们把那个乐观的孩子锁进了一间堆满马粪的屋子里，而把悲观的孩子锁进了一间放满漂亮玩具的屋子里。

一个小时后，她们的父母走进悲观孩子的屋子时，发现她坐在一个角落里，一把鼻涕一把眼泪地在哭泣。原来，她怕不小心弄坏了玩具，父母会责骂自己。

当父母走进乐观孩子的屋子时，却发现孩子正在兴奋地用一把小铲子挖着马粪，把散乱的马粪铲得干干净净。看到父母来了，乐观的孩子高兴地叫道："爸爸，这里有这么多马粪，附近肯定会有一匹漂亮的小马，我要给它清理出一块干净的地方来!"

生活中，那些具有乐观个性的孩子，她们对未来总是充满信心和希望，并对那些能够满足自己需要的事情或对象，产生一种积极的情绪，而正是这种积极的情绪，能使孩子从容地应对人生中的悲伤、失败、痛苦等不良事件，并让生活充满阳光。

泰娜陪伴丈夫在一个沙漠的陆军基地里驻扎。丈夫奉命去演习，泰娜一个人留在陆军的小房子里，天气热得受不了，即使在仙人掌的阴影下也有125华氏度。泰娜没有人可以聊天，因为身边只有陌生的墨西哥人和印第安人，而他们不会讲英语。她整天郁郁寡欢，非常难过，于是便给父母写信，告诉他们要丢开一切回家去。

泰娜父亲的回信只有两行，而这两行却永远印在了她心中，可以说完全改变了她的生活。父亲说："有两个人从牢中的铁窗望出去，一个看到的是泥土，而另一个却看到了星星。"

泰娜反复地读这封信，感到十分惭愧。她决定要在沙漠里找到星星。泰娜开始和当地人交往，他们的反应让她非常惊讶，她对他们的陶器和纺织非常感兴趣，他们就把自己最喜欢但舍不得卖给游客的陶器和纺织品送给了她。

泰娜还研究沙漠里的仙人掌和各种沙漠植物、动物，又学习有关土拨鼠的知识。她观察沙漠日落，寻找海螺壳，很多海螺壳是几万年前当这片沙漠还是海洋时留下来的……原来难以忍受的环境现在竟变成了让人兴奋好奇的好地方。她为发现新世界而兴奋不已，并因此写了一本书——《快乐的沙漠》。

沙漠没有变，印第安人也没有变，而是泰娜的心态变了。一念之差，使她把原来讨厌的恶劣环境变成了一生中最有意义的探险乐园。

儿童心理学家马丁·赛力格曼认为，乐观不但是迷人的性格特征，还有更神奇的功能，它能使人对生活中的许多困难产生心理免疫力。乐观的孩子不易患忧郁症，也更容易成功，身体也比悲观的孩子更健康。也许有些孩子天生就比较乐观，有些孩子则相反。但心理学家发现，即使孩子天生不具备乐观品质，也可以通过后天的努力培养出来。

这样培养最有效

在我们的生活中，能守住乐观的心境实在不容易。悲观在寻常的日子里随处可遇，而乐观则需要努力，需要智慧，才能保持。作为父母，该怎样培养孩子乐观的性格呢?

1. 创造和睦友爱的家庭气氛

父母常向孩子表达自己的爱和关心，可以缓解孩子对人的冷漠；父母应该

多与孩子一起游戏娱乐，每天多留一点时间给孩子，与孩子交流感情。孩子能从中学到一些与人交往的知识和技巧，特别是能体验到对他人的关心和爱护。这样，在与同伴交往时，会更轻松，也增强了与他人交往的信心，能够培养孩子乐观的情绪。

2. 帮助孩子积极进取

父母要相信自己的孩子，给予其鼓励和支持，更重要的是要帮助她进取，克服一些她无法单独克服的困难。只有这样，才能教会她以乐观的态度面对人生。

3. 丰富孩子的精神生活

一方面，父母要鼓励孩子广泛地阅读，让孩子在阅读中增加知识，升华思想。可以选择阅读伟人的故事、童话、小说等。另一方面，父母要鼓励孩子多交朋友，为孩子创造与同龄人交往的机会。另外，父母还可以多搞一些活动，如带孩子外出游玩；也可让孩子做一些创造性的活动，如利用废物制作小作品，通过丰富孩子的精神生活，让孩子在各种活动中体会到生活的乐趣，增强对生活的信心，培养孩子乐观的性格。

烦恼是一种精神上的近视症，应该向远处看并保持乐观的心态，这样我们的脚步就会更加坚定，内心也就更加泰然。

025 爱和引导使她不再孤僻

孤僻指不能与人保持正常关系、经常离群独居的心理状态。据专家估计，有孤僻倾向的青少年在学生群体中占5%~8%。女孩较之男孩在性格上更内向、胆小，因而也比较容易因一些小事情而感到伤心和委屈，更容易陷入孤僻。

小香香原本是个活泼可爱的孩子，长得也很漂亮，学习成绩一直是班上的前三名。由于香香的父母都要忙工作，所以香香一直由爷爷奶奶带大。香香的爷爷奶奶有些封建思想，对香香不像孙子般疼爱。孩子虽小，却也能感觉出长辈的偏爱心理，变得不愿与人接触，常常喜欢一个人待在房间里，一坐就是一整天。

不管遇到什么事，香香总是一副漠不关心的样子，而且猜疑心很重，家里有了什么不顺心的事，她总怀疑长辈会怪到她头上。在学校，她与同学也是格格不入，总是一个人独来独往。

刚上小学的时候，妈妈把她送到学校，她只是一个劲地哭，也不说原因，一连持续了好多天。香香越是这样，爷爷奶奶越是对她不满意，常常说她是个“木脑壳”。

有一次，妈妈看到香香在作业本上写的一段话，大意是说她是一个没有人同情关心、没有人理解的人，是这个世界上最不幸、最痛苦的人。现在，香香的脾气也越来越暴躁，如果有人惹她生气，她还会拿起手边的东西往人家身上打。面对香香这种孤僻的性格，父母真是感到束手无策。

由于爷爷奶奶有重男轻女的封建思想，小香香在这样的环境中长大，往往会感到寂寞，没有温暖，这就要求长辈必须端正思想，持正确的心态，给予孩子更多的爱心。而孩子一旦有孤僻倾向，父母就应尽早帮助孩子克服这种不良的性格。

简长相甜美，很多孩子都喜欢她，可是她却显得很孤僻。特别是在舞会中，她常常会独自一个人找一个角落坐下，从来不接受别人约她跳舞的邀请。其实，简在心里非常希望自己能够在同学面前跳一支舞，因为她很会跳舞。只是，每当有男生来邀请她时，她总是很紧张，甚至还感到恐惧，从来不敢答应对方。

简的老师约翰逊先生很快把这一情况反映给了她的妈妈。在两人的沟通过程中，约翰逊发现：简的妈妈一直限制简与别人交往，她的理由似乎很充分，她怕美丽的女儿受到伤害。

找到症状后，约翰逊决定邀请简的妈妈来参加一次舞会。这一次，简依然躲在一个角落里，看到自己的女儿竟然如此孤僻，妈妈显然也意识到了自己的错误。这时，约翰逊老师走过去对简说："我请你跳一支舞，好吗？"

简硬着头皮站起来。随着舞曲，约翰逊先生带着简，投入到五彩缤纷的舞池中。简很快适应了这些舞步，其他同学注意到简居然会跳舞，都暗暗称奇。

约翰逊跟她跳了两曲之后，就有男生来邀请她，简迟疑了一阵，还是鼓起勇气接受了邀请。

回家后，妈妈正式向女儿道歉，限制她与人交往是错误的。简惊异极了，直到此时，她才意识到自己竟然很孤僻。

在妈妈和老师的共同帮助下，慢慢地，简走出了孤僻，变得非常自信，她的周围有很多好朋友，而他们总是被她自信的光辉所吸引。

从简的故事我们可以看出，不要以为限制孩子交往是为了孩子好。恰恰相反，那样做只会造成孩子的苦闷和孤僻。为了孩子有幸福的前程，父母要让孩子在与人交往中养成乐观开朗的性格。

这样培养最有效

要让孤僻的孩子表现出色，没有快捷方式可走，唯有不断地支持、鼓励和坚持不懈地帮助孩子。帮助孤僻的孩子变得开朗些，父母可以从如下几个方面去做：

1. 端正思想，给予孩子更多的爱心

孩子的内心深处是十分渴望有人关心她、爱护她的，尤其是父母之爱。所以父母要在平时给予孩子更多的爱心、关心和呵护，使其感受到家庭的温暖。要面对现实，多与孩子沟通谈心，多关心孩子的学习和生活，多给孩子一分快乐，绝不能推卸责任，更不能对女孩有歧视心理。

2. 让孩子努力加强与人沟通

要让孩子懂得，想让别人理解你，首先要让别人了解你的情况、人品等。这就需要与人适当交往，实现心灵的沟通。可让孩子在学习之余，找人聊聊天、玩一玩，从而让别人多了解一下自己。

3. 引导孩子克服意识过敏

孤僻的孩子，往往对别人的评价产生过敏反应。别人的一句话、一个眼色等，都可能引起孤僻的人的多虑、恼怒及不安。有这种倾向的孩子，父母应努力使其注意力转向外部世界，少考虑一些别人的态度，大方一点。这样，孩子就会更招人喜欢，也会慢慢变得开朗外向。

“没有爱，就没有教育。”爱是生命的主旋律，帮助孩子克服孤僻心理，父母要使孩子树立安全感和自信心，鼓励她发展自己的特长，赞扬她的进步和成绩。不要对孩子提出过高要求，让她达到力所能及的目标就可以了。

026 活泼是种别样的风采

活泼开朗是孩子充满朝气、积极向上的心理品质的体现。对于女孩来说，开朗活泼中自有一种别样的风采，而快乐活泼的家庭气氛是培养孩子活泼开朗性格的关键。

志纯出生于一个知识分子家庭，爸爸是某研究所的副所长，妈妈是一位知名作家，良好的家庭背景和父母活泼开朗的性格使小志纯在无忧无虑、快乐活泼的气氛中度过了欢乐的童年。

夫妇俩十分留心在欢愉的气氛中对孩子进行启蒙教育。孩子出生之后，他们在精心抚养的同时，就开始有计划、有步骤地启发孩子的智力。

孩子出生的第二天，爸爸就从商店里买来各种彩色气球、小摇铃、一捏能发出声响的梅花鹿和大公鸡等，并把气球挂在蚊帐上，把小摇铃、梅花鹿、大公鸡等放在孩子的枕头边。几天后，他们就有意识地让孩子观察彩色气球，训练她的视力；不时地摇动小摇铃，捏梅花鹿、大公鸡，训练她的听力。由于孩子出生时身体十分结实，小眼睛特别灵活，不到20天她就能把脸转向发出声音的地方，还能直盯着蚊帐顶上的彩色气球看个不停；当把她轻轻抱起来时，她竟能有意识地用小手去指气球了。

在风和日丽、阳光明媚的日子里，他们夫妇经常把满月后的孩子抱出室外。这时，志纯已能注意风吹树叶发出的“哗哗”声、小鸟的“喳喳”叫声，甚至能被红花绿草吸引住。阳光一照，她就眨巴小眼睛，好像是在欣赏大自然的美，分享人间的欢乐。

志纯两岁时，每当妈妈下班回来，她就缠着妈妈讲故事。妈妈总是强打精神，放下家务活给她讲上一段。她总是问：“后来呢？后来呢？”抓住这一有利契机，妈妈趁机引导她："要能认识字该有多好呀，这样就能自己看书，节省爸爸、妈妈的时间了。"就这样，她在妈妈的引导下，不到两岁她就迷上了识字。3岁时就能认识800多个字，能看一些不带图画的纯文字的幼儿读物。

当时他们夫妇俩工资收入很低，生活比较清苦，但给孩子买书却毫不吝啬，宁肯吃咸菜过上十几天，也要花几十元甚至上百元给她买成套的《世界著名童话故事》、《世界著名神话故事》、《世界著名寓言故事》等书籍，还订了许多画刊。正是由于志纯早期对于文学作品的大量阅读才使她能在知识的海洋里畅游，取得了令同龄孩子羡慕的成绩——考入哈佛大学。

志纯虽然进入了哈佛大学，但她并非是人们想象的那样埋头苦读的书呆子，实际上她是非常爱玩的，至今仍然如此。集邮、下棋、画画、欣赏音乐等，她的爱好非常广泛，有时甚至达到着迷的程度。对她的这些爱好，妈妈从来不限制，只是在必要时给予适当调控。

志纯的活泼天性，使她具备了敏锐的观察力、想象力和思考力，而这些都是成才的关键。真正能够挖掘出孩子潜力的，是在她玩得非常开心的时候。

这样培养最有效

性格活泼开朗的孩子，一般对自己的能力充满信心，容易和周围的人友好相处，对新鲜的事物有着强烈的探索欲望。培养孩子活泼开朗的性格，父母可以做好如下几点：

1. 要多和孩子交流

父母要多注意留心孩子的情绪变化，当孩子闷闷不乐时，一定要抽出时间和孩子交流，鼓励孩子说出她的忧虑。但父母也不能强迫孩子说出心中的秘密，可以努力让孩子明白,她不高兴，父母也会难过，父母永远都是愿意帮助孩子的。当孩子自愿说出不快乐的原因时，父母应该耐心地倾听孩子的讲述，然后尽量帮助孩子一起解决问题。有些忧虑一旦讲出来后，就会舒畅很多，而且有些忧虑会随之消失。

2. 鼓励孩子和同伴交往

父母要为孩子创造和同龄伙伴交往的机会，比如带孩子去朋友家里做客，让孩子多参加一些她所感兴趣的社区活动，可以让孩子在外出游玩、参加同伴的游戏中获得很多乐趣。这些对于改变孩子孤僻的性格，培养孩子活泼开朗的性格有很大的帮助。

3. 允许孩子自由地表现悲伤

孩子个性不同，表达悲伤情感的方式也不尽相同，父母应该允许她们自由表现悲伤。孩子在哭泣的时候，父母不能粗暴地要求孩子憋回去，可以不去劝阻。等孩子尽情哭过以后，感情自然就会恢复平衡。当孩子砸玩具时，父母不要去指责，而应该设法通过言语或行动引起孩子的情感共鸣。孩子得到父母的暗示，自然会停止“耍赖”。如果这时孩子不愿意和父母交流，父母尽量不要在一旁唠唠叨叨，可以留出自由的空间让孩子单独思考。

孩子一般都是活泼的，父母不能为了孩子将来成才，就要求孩子接受自己的安排，做各种各样的事情，因为孩子在不自由的氛围中很难有智能的增长，甚至还会变得呆滞木讷。

027 父母快乐，孩子才能快乐

每一个人来到世上，命运早就注定了她归属于一个特定的家庭，这里便是你最早的生存环境。当孩子逐渐长大，走向更广阔的社会后，家庭仍然是最贴近、最密切，影响最深远、最重要的环境。家庭的幸福与否，对孩子性格的影响是巨大的。

小樱在日记中这样写道：

爸爸和妈妈又在吵架了。他们总是这样为了一点小事就吵。有时候根本不知道为了什么而吵。每次妈妈总以离婚来威胁爸爸，让爸爸认输。然后，第二天继续吵。反反复复，永无休止。连我都觉得厌烦了。既然要面对这样的人生活，那么当初为什么还要结婚？

妈妈曾把我拉到她面前，自豪地问我："如果我跟你爸爸离婚，你会跟谁？"在她的心里，以为我会站在她那边。可是我一个都不要。"我会去找我哥哥。"我说。"什么？"爸爸和妈妈异口同声发出惊叹的声音。难怪他们会吃惊了。哥哥在他们眼里一直是一个游手好闲、不思进取的小混混，是个老师头疼、同学害怕的问题学生。他逃课，打架，顶撞老师，所谓的坏学生做的事他都做遍了。爸爸不知教训了他多少次。后来，哥哥觉得在家里很无趣，便拿了简单的行李离家出走了。现在，我终于能理解哥哥为什么会离家出走了，因为我也有了这样的想法。

可见，在一个家庭中，父母关系的好坏对孩子的成长具有非常重要的作用。所以，做父母的要学会理智地对待生活中的问题。碰到让自己感到不愉快的事情时，父母要努力克制自己，尽量消除各种消极心理的负面影响。只有这样，才可能永远保持乐观、开朗、健康的情绪。

徐悲鸿是我国著名的美术大师，特别以画奔马而驰名中外。他的成长却离不开他父亲的苦心培养与正确引导。很少有人知道，徐悲鸿也有过画虎类犬的时候。

徐悲鸿的父亲叫徐达章，书法、绘画、篆刻、诗文在江苏宜兴一带颇有名气。这位画家才华出众，家里虽穷，却不羡慕荣华富贵。他在一方印章中镌刻的"闲来写副丹青卖，不用人间造孽钱"，就是对自己为人处世的概括。这种思想和品德，给了幼小的悲鸿以深刻的影响。在最困难的时期，他依然傲骨挺立，乐观豁达地对待生活。

徐悲鸿6岁时，跟父亲读书。一天，读到书中庄子刺虎的故事，便萌发出画一幅百兽之王图的念头。可惜他所住的地方，无法见到真正的老虎。这天，他找人画了一只虎，便悄悄地描绘了下来，拿去给父亲看。徐达章见到后，就问这是什么？徐悲鸿高声地回答说："老虎。"徐达章大笑起来说："这哪是一只老虎，倒像是一只狗。"徐悲鸿真不知说什么是好，差点哭了出来。徐达章见儿子难过的样子，便安慰道："你要想学画画，成为一个画家，首先要有渊博的知识，养成勤奋读书的习惯。画画是要用眼睛观察实物的，你没有见过真的老虎，怎么能画出老虎来呢？"徐达章的这番教导，使小悲鸿明白了画画的道理。

徐达章的教育方式，可能是我们现在的父母最常用的方式，即对孩子指明途径，让孩子按此去做，而忽视了孩子的心理。其实，父母可以用先鼓励再修改的方式，使孩子从心理上能接受，不至于"差点儿哭出来"。当然，给孩子以具体的方法指导在有些时候还是必不可少的，这有助于孩子少走弯路，更好地保持乐观情绪。

这样培养最有效

家庭是孩子的港湾，是孩子形成乐观性格的源泉。父母如果想为孩子营造一种快乐的家庭氛围，可以从以下几点去做：

1. 父母要冷静表达问题

父母要学会控制自己的情绪，碰到让自己感到不愉快的事情时要克制自己的冲动，不要任其发泄。如果实在不能保持常态，可以自己单独待一会儿，待能够冷静地表达自己遇到的问题时再来解决这个问题。

2. 要保持家庭成员的平等关系

家庭是一个整体，家中发生的事情每个人都有知情权。父母有了快乐或烦恼，认为孩子太小，理解不了，而不想让她知道。这样一来，孩子会始终觉得自己游离于家庭之外，会有一种孤独感。因此，父母应该保证家庭成员真正平等的关系，家庭中的每个人都应该受到大家的尊重，每个人都有发表意见的权利。

3. 父母要带快乐回家

父母如果在外边受到了苛责，不能把对别人的怨气和自己的委屈全都发泄在孩子身上，可以心平气和地告诉孩子自己在工作中出错了，请孩子帮自己出主意。这样，孩子就能够体谅他们的心情，千方百计地开导他们，让家中很快充满快乐、幸福的笑声。

生命不是个可以孤立成长的个体。它一面成长，一面收集沿途繁花茂叶。它好似一架灵敏的摄像机，沿途摄人所闻所见。每一分每一寸的日常小事，都是织造人格的纤维。环境中每一个人的言行品格，都左右着这个人的生活态度。环境给一个人的影响，除有形的模仿以外，更重要的是无形的塑造。

028 幽默的孩子是棵欢乐树

幽默感是一个人最高贵的品质之一，也是一个人人生最高的境界。一个女孩如果具有幽默感，那么她将拥有更多的朋友，拥有乐观处世的心态，拥有一份轻松的心情，她的生活将会充满七彩阳光，她的人生将会充满欢声笑语。

有一个年过半百的贵妇人，她非常喜欢打扮，每天总要花好多时间来打扮自己。由于年纪实在有点儿大了，再多的打扮也遮盖不住她的实际年龄。有一次，贵妇人遇到了大名鼎鼎的萧伯纳，她兴奋地让萧伯纳猜测她的年龄。

萧伯纳一本正经地说："看您洁白的牙齿，只有18岁；看您蓬松的卷发，不会超过19岁；看您忸怩的腰围和涂满胭脂的脸庞，顶多14岁吧！”

贵妇人听了萧伯纳的评价，非常高兴，她激动地问道：“亲爱的萧伯纳先生，那么请您精确地估计一下，我到底像几岁？”

萧伯纳说：“几岁吗？那很容易，只要把刚才三个数字加起来就是你的真实岁数了。18加19，再加上14，你应该是51岁。”幽默的萧伯纳把周围的人都逗乐了。

有一位父亲把这个故事讲给9岁的女儿听，女儿听完后哈哈大笑。有一次，一位漂亮的阿姨来到家里做客。女儿对阿姨说：“阿姨，我看你好年轻啊！”阿姨问：“是吗？怎么个年轻法？”女儿说：“从你的背影看，你好像我的姐姐；从你微笑的脸庞看，你好像我们班上的女生。”一句话把阿姨给逗乐了。

这个故事中的女儿听多了幽默故事，自然能够模仿、吸收幽默故事中的幽默因子，也会逐渐变得幽默起来，就比较受大家的喜欢，更容易与同伴交往。在家庭生活中，父母可以经常给孩子讲一些幽默故事，让孩子在不断的熏陶中逐渐培养起幽默感。

乐乐的妈妈是一个对生活充满激情的人，说话也很幽默。所以，乐乐在妈妈的熏陶下也不乏幽默气质，小小年纪就常常语惊四座，让人开心不已。

记得有一次，妈妈下班回家，乐乐高兴地对她说：“妈妈，我长大了，要买一辆车。”妈妈问她：“你买什么车？”乐乐说：“我已想好了，我要买的那款车叫做‘老师爱死你’。”妈妈当时没回过神来，想了半天，问乐乐说什么叫“老师爱死你”啊？乐乐说：“妈妈啊，这是一款车的名字。”在乐乐的提示下，妈妈终于知道了，乐乐说的是劳斯莱斯。

还有一次，妈妈回到家，心情不是很好，有点闷闷不乐。乐乐见状，说要给妈妈讲个故事。然后，乐乐站在妈妈跟前，给妈妈讲起螃蟹的故事来。说是有一天，一只小螃蟹在路上横着爬，它的妈妈说它爬错了，应是竖着爬，就去教小螃蟹，没想到最后螃蟹妈妈也是横着爬的。然后，乐乐一本正经地对妈妈说，这个故事说明了一个人不知道自己有缺点还去说人家的缺点。这个简短的笑话说得妈妈捧腹大笑，觉得乐乐真是妈妈的开心果！

现在，看着乐乐一天天健康成长，妈妈也觉得很宽慰。每天，妈妈尽量让自己保持愉快的心情。因为妈妈知道，她就是女儿的榜样，她的情绪也会影响乐乐的情绪。妈妈只希望乐乐健康愉快地长大，保持她这种开朗阳光的性格。

像乐乐这种在幽默的家庭环境中成长的孩子，性格中也就自然而然地充满了幽默的因子。幽默的孩子会成为伙伴中的焦点，有利于培养她的领导和组织才能，这样会使孩子在这个复杂的社会里生存得游刃有余。

这样培养最有效

幽默风趣既是一种戏剧性的艺术形式，也是一种适应环境的人生态度，在人与人的交往中，更是一种沟通的技巧。培养孩子幽默的情趣，是赋予孩子独特个性的神奇魔力。那么，父母如何把孩子培养成一个人见人爱、幽默风趣的人呢?

1. 营造一些幽默环境

父母可以在家里搞一些活动，比如，可以让全家人聚在一起讲笑话。在讲笑话的时候，父母可以搞一些怪相把孩子逗笑。当父母讲完之后，也鼓励孩子去讲一些她知道的笑话。

2. 用幽默的方式培养孩子

在日常生活中，父母要有意识地运用幽默的方式去培养女儿。比如，女儿玩完洋娃娃总会把洋娃娃胡乱一丢，不会主动整理玩具。这时，父母可以幽默地说："玩了这么长时间，你的娃娃是不是也累了?要不，你把她送回家吧，让她好好休息一下，明天再跟你一起玩，好不好?"这样孩子就会用心去感受，并主动收拾好玩具。

3. 注重幽默的高雅性

儿童心理学家劳伦斯·沙皮罗强调，幽默有时候被人们用来欺负和侵犯他人。父母要帮助孩子区别敌意和非敌意的幽默：幽默要友善，不要伤害他人；幽默要有礼貌，不要嘲讽他人；幽默要仅限于语言，不要有过激的行为。

教育箴言

幽默是在孩子的成长过程中的七彩阳光，没有它，就没有孩子五彩缤纷的童年，也没有孩子充满欢声笑语、幸福无限的家庭。

029

远离懦弱，女孩也能很勇敢

但凡事业成功者，都是具有超常胆识之人。那些性格怯懦、胆小怕事的人，很难体验到成功的辉煌。性格怯懦的孩子，一般具有这样一些特征：沉默寡言，不好动，朋友很少说话声音很小，做事很犹豫，经常不敢独自出门……尤其是在严苛的环境下长大的女孩，更容易懦弱。

琳琳本来是一个活泼可爱的孩子。一天晚上，妈妈让琳琳睡觉，可她却表现得很兴奋，非缠着妈妈给她讲一个故事听，然后再去睡。

“臭丫头再不睡觉就滚到门外去！”刚从外面喝得醉熏熏的爸爸进门后，听到琳琳还要妈妈讲故事时，恼怒地对她大声吼道。

琳琳见爸爸的脸通红通红的，还不停地打着饱嗝，而且用一双眼睛恶狠狠地盯着自己，便有点害怕，她一把搂住妈妈的脖子说：“妈妈，我不听故事了，你陪我睡吧。”

“琳琳乖，你先睡好吗？妈妈还要洗碗和收拾屋子呢。”

“不，琳琳怕！”

“怕什么？这屋里是有鬼还是有老虎，再嚷嚷我就揍你！”琳琳的爸爸边骂边扬起了巴掌。

琳琳见了，吓得停止了哭声，钻到被窝里，用被子蒙住了全身。但事情并没有结束，虽然用被子蒙住了头，琳琳还是听到了杯子摔在地上的声音、妈妈的哭声和爸爸的咆哮声，她知道爸爸又在打妈妈。琳琳更害怕了，她在黑暗的被窝中瑟瑟发抖，但没有人安慰她。琳琳默默地流着眼泪，她仿佛看到爸爸一会儿变成了一只大灰狼，一会儿又变成了巫师，一会儿又变成了魔鬼，正在对她和妈妈大打出手。

遭到父亲恐吓和挨打的次数越来越多，琳琳也变得越来越沉默寡言了。小小年纪的她，脸上已没有笑容。琳琳不敢独自出门，怕外面的小朋友欺侮她。她甚至不愿去上学，每天待在家里，像只惊弓之鸟，一听到父亲的脚步声，便胆战心惊，害怕父亲的拳头又落在自己身上，也害怕看到父亲打妈妈的场面。

现在，几乎没有人见过琳琳展颜一笑的时候，一个原本活泼可爱的孩子变成了一个怯懦的少年。

琳琳从小就在这种让人心惊胆战的环境中成长，由活泼可爱变得怯懦胆小。这种极度不自由的环境，很容易使孩子形成性格缺陷，失去原本快乐的童年。

晓白在自己的作文就这样写道：我是一只小鸟，可是却被锁在了家庭的樊笼里。

据晓白的老师反映，晓白的父母对她的管教过于严厉，导致孩子性格比较懦弱。在班上，她总是沉默寡言。即使在回答问题时，声音也特别小，总要重复几遍老师才能听清。而且她的心理承受能力差，经常为一些小事就痛哭流涕。

老师曾经把这种情况反映给晓白的父母，可是她的父亲说："小女孩天生就胆小，这倒没有什么，只要她学习成绩优秀就可以了。"

晓白的老师感到非常心痛，孩子的确成绩很好，可是她还是为晓白担心。一个只有成绩的女孩，她将来走上社会拿什么来抵抗那激烈的竞争！胆小、懦弱的女孩，丝毫没有个性，无论是多么难的境遇，她总是逆来顺受，完全一副听任摆布的样子。

虽然家庭教育失误不是造成孩子性格怯懦的全部原因，但是，为孩子提供一个良好的成长环境，对培养孩子健全的人格却是非常重要的。只有给孩子营造一个温馨和谐的家庭环境，孩子才能自由自在而有尊严地生活。

这样培养最有效

专制的教育态度与方式容易造就胆小、退缩、懦弱的孩子，这对于孩子是很不利的。父母要看到这一点，及时改变自己的教育方式，以下是几点建议：

1. 用爱代替恐吓和威胁

一个经常生活在恐吓、打骂中的孩子，由于不受父母的重视，得不到父母的爱，孩子的自尊自信便会被一点一点被消蚀掉。而一个没有尊严、没有自信的孩子，你还奢望她拿什么来作为自己勇敢、坚强的资本呢？所以，父母要用爱来代替恐吓和威胁。

2. 让孩子大胆说话，表现自己

父母可以邀请一些同龄小伙伴和孩子一起参与集体活动。这时父母要回避，给孩子们一个自由的、无拘束的语言环境，让她们能大胆说话，勇敢地表现自己。

3. 注重心理教育

生活中，不要因为孩子的偶尔失误就责骂孩子，更不能羞辱孩子。否则，会给孩子造成心灵创伤。一个心灵受到创伤的孩子，是很难快乐起来的。孩子会因自卑和胆怯而在人前抬不起头来，并逐渐变得胆小怕事、沉默寡言。

4. 父母要注意“语言美”

不要动不动就对孩子说“你真笨”、“你这个蠢东西”之类有伤孩子自尊的话，也不能嘲笑孩子。否则，孩子就会变得畏畏缩缩，而这些都是性格怯懦的先兆。

教育箴言

怯懦不仅能削减我们的护卫能力，甚至驱我们于毁灭之崖，使我们遭遇从来未曾侵犯我们的灾祸。

030
热情让女孩更有活力

一个热情的人，能用他的热情感染周围的一切，能使周围的人如沐春风，能使冷漠的人际关系变得温馨、和谐。热情无论是对成年人还是孩子来说，都非常重要。一个充满热情的人，走到哪里都会受人欢迎。

没有热情的孩子很难得到长辈和周围伙伴的喜爱，而且如果一个孩子生活没有热情，很容易导致她越来越孤独和茫然，对周围的一切将越来越没有兴趣，这也很容易导致孩子产生心理疾病。所以，父母应该尽量让孩子变得生机勃勃。

在某市公开选评的10位“优秀市民”中，14岁的雯雯格外引人注目，因为10位入选者中，只有她一个人是未成年人，而其他9位都是来自该市各条战线上有突出贡献的人物。

是什么使一个14岁的少年从百万市民中脱颖而出，进入“优秀”行列的呢？在“探秘”雯雯成长的过程中，我们发现她既没有代表学校参加过文化课竞赛，在体育方面也没有什么突出的成绩。但是，雯雯身上所具有的优点——热情，又是许多孩子和成年人所不具备的，而正是热情的秉性成就了雯雯的今天。

同学们说，雯雯有一张笑脸，她的微笑感染了周围的人，她友好地对待周围的每一个人。雯雯带头为贫困生捐款；把自己的早餐给了一位乞讨的残疾小朋友；星期天常帮小区里独居的李奶奶打扫庭院；和父母一起到福利院做义工；在公交车上主动为他人让座；用自己的零花钱买一些水果去医院看望生病的同学……

实事求是地说，雯雯相对于其他9位入选者来说太平凡了，她做的每一件事都很细微、很普通，普通得让许多同龄的孩子不屑去做。但是，雯雯却以她的热情征服了周围的人，包括那些曾经冷若冰霜没有感情的人。

那么，雯雯的父母是怎样教育雯雯的呢?

雯雯上幼儿园时，一次妈妈带她坐公交车去郊区的姥姥家。在车上，小雯雯高兴地唱起了《小老虎》这首儿歌。可唱完后，她惊奇地发现只有妈妈一个人鼓掌。

“妈妈，我唱得不好吗？”雯雯问。

“不，你唱得棒极了！”

“那为什么车上的阿姨和叔叔他们都不鼓掌呢？”

“这个……”妈妈想了想后，说：“那是因为你还不够热情。”

“妈妈，什么是热情？”

“热情就是对周围的人发出真诚的微笑；就是在幼儿园里主动扶起摔倒的小朋友；就是把自己的玩具主动和其他小朋友交换；就是进幼儿园的大门时，和传达室的爷爷说声‘早上好’；就是在小区里碰到打扫卫生的阿姨时，有礼貌地打一起招呼；就是别的小朋友哭泣时，你主动上前安慰……”

“妈妈，要是我这样做了，阿姨、叔叔还有小朋友们也会这样对待我吗？”

“当然，即使别人不这样对待你，当你热情地对待别人时，你也能感到快乐。”妈妈耐心地对雯雯解释道。

小雯雯牢牢地记住了妈妈的话，并在生活中尝试着这样去做。她果然收获了很多人的笑容，并受到了同龄人的欢迎。现在，热情地对待周围的人和事，已成了雯雯的习惯。

毫无疑问，雯雯妈妈的教育方法是成功的。事实上，教育孩子的确不需要讲什么深奥的大道理，关键在于用生活中平凡的小事来启迪孩子，并让孩子明白这样做的重要性。培养孩子的热情品质也是如此。当孩子懂得用热情的态度对待周围的人和事时，她也能得到同样的回馈。

这样培养最有效

热情是一种执著，热情是一种乐观，有了它，便有了原动力，才能一步一步前进，攀上高峰。那么，作为父母，该如何培养孩子的热情呢?

1. 父母要经常表扬孩子

父母大胆地让孩子干一些她力所能及的事情，孩子成功了，就要好好表扬她。孩子受到了表扬，就会增强信心，体验到做事情的乐趣，从而调动她新的热情，诱发孩子的进取心。

2. 鼓励孩子做室外运动

经常让孩子做室外运动，可以促进孩子的身体健康，也有可能让孩子爱上运动，也会使他运动的自主性不断增强。

3. 培养孩子的兴趣

很多成功的人都是由于兴趣的驱使，经过全身心地投入才有所成就。所以，只要孩子对某个事物表示出了兴趣或者关心，父母就要想办法鼓励她一直做下去。

教育箴言

热情无疑是我们最重要的秉性和财富之一。不管我们是3岁、30岁、还是90岁，我们都需要热情，热情能为我们带来终生的成功。

031 会表达的女孩才有机会

一个人的智力发展和形成概念的方法，在很大程度上取决于语言。对于孩子来说，良好的语言表达是学会与人共处的重要内容。同样的意思，不一样的表达方式，结果往往有很大的不同。

在我们的生活中，有很多孩子都不爱说话，看到认识的人不是装作没看见，就只是羞涩地一笑，这些都是孩子不具备良好的语言表达能力的体现。

有这样一个故事：

新新在公司里有着不错的口碑，一些老同事不明白，新新只是一个新员工，为什么能得到那么多人的喜欢呢？新新的同事红红揭开了谜底。红红说："新新是一个很会表达自己内心真实想法的人，她总会很真诚地和大家问好，很真诚地赞美别人。同事犯错误了，她不会像别人那样用生硬地语言说'没事，下次注意不就行了'那样的语句，而是从同事的优点入手对其进行劝解，这样同事既看到了自己的优点，又能接受新新给自己提的意见。就因为新新语言表达上有技巧，所以她才深得同事喜爱。

如何得体地表达出心中的意思，需要用心，更需要锻炼。所以，父母需要从小培养孩子的语言表达能力。

这样培养最有效

同许多事情一样，只要方法得当、持之以恒，任何人都能够提升自己的语言表达能力。那么，父母应该怎么做才能培养孩子良好的语言表达能力呢？

1. 父母要用规范的语言与孩子说话

比如孩子说——“吃糖糖”，父母要立刻纠正——“我要吃糖”，并且要告诉孩子——“你已经长大了，要把你的想法说完整”。还可以追问——“你想吃什么糖？你能用一句话把自己的要求说清楚吗？”引导孩子说出——“爸爸，我想吃那种黑色的巧克力糖。”让孩子学会组织语言，把多种主要信息完整地表达出来，让别人听明白，力求口齿清晰、用词准确，富于表现力。这对孩子逐步养成说完整规范的语言非常重要。

2. 积累词语，多打比方

孩子说——“阳台上花开了！”父母可以引导“能换一种说法吗？怎么样开着呀？像什么？”“像一只大蝴蝶，很好看”，让孩子学会用比喻。学语言和培养想象力要同步进行。用词尽量丰富多样，避免语言单调贫乏。譬如，晚上城市广场的灯亮了，用于形容“灯”的词语有“灯火辉煌”、“五颜六色”、“五光十色”等。父母要有意识地重复一些新词语，并把它放在句子中来说，不断强化巩固，让孩子学语言一开始就有个高起点。

3. 丰富生活是发展孩子语言的源泉

父母可以多带孩子到户外观察大自然、游览公园等，开阔眼界，增长知识，把看到的、听到的用语言描述出来。比如，孩子喜欢看大海，父母就可以有意识地引导她通过“听”、“看”、“触”，认真观察海水的颜色、波涛、天空的景色，让她描述出来，讲给妈妈听，要求跟“真的一样”。要知道孩子怎样才能说得“真的一样”，如雪白的浪花、轰隆隆的波涛、金色的海岸，颜色、声音、动态要会描述。这种口头作文训练，能养成细心观察的好习惯，为将来向书面作文过渡打下牢固的基础。

教育箴言

一个会说话的孩子，往往会赢得老师、父母、同学和朋友的尊重和喜欢；而一个不会用语言表达的孩子，通常她一说话就会得罪人。培养孩子的

语言表达能力，是教育孩子的第一步，它是连接自信与能力的一座桥梁。

032
把困难转变成机遇

有一位哲人说得好：我们不仅要学会在欢乐中微笑，也要学会在困难中微笑。很多女孩一有困难，父母便挺身而出，在一旁保驾护航。久而久之，便会造成孩子一遇困难就想退缩的现象，而且随着年龄的增长，父母却又不免为之担忧：我不可能跟她一辈子，不可能永远为她遮风挡雨。所以，父母要鼓励孩子自己坚强面对困难。

婷婷刚上小学时，在许多同学语文和数学都考双百的情况下，她只考了80多分。自尊心严重受挫的小婷婷回到家里委屈地哭道："许多同学都笑话我……"

妈妈见此情景，连忙把女儿搂在怀里，一边给女儿抹眼泪，一边对女儿说道："我们婷婷根本就不笨！别哭。哭有什么用，只要有志气就能赶上去。妈妈刚上学时也不如别人，好多同学都比妈妈学得快。妈妈就暗中咬牙努力，老师上课我注意听，早上我比别人早起……后来，我终于成了尖子生。你不要胆怯，要有信心。只要努力，就一定能赶上去!"

这一席话把婷婷说乐了，自信心也逐渐恢复了。此后，婷婷开始努力学习，到二年级下学期成绩就上去了。

婷婷妈妈通过自己成功的事例让孩子认识到，任何一个人在遭受挫折后，只要不放弃、不气馁，及时地从失败中总结经验教训，就能反败为胜，这样孩子就能在遭受失败后重新看到胜利的曙光。同时，父母还要让孩子明白，战胜困难的关键，其实就是战胜自己。

一天，爸爸妈妈把6岁的思思一人留在家里。正当思思玩得高兴的时候，突然发现一只小猫跑过。思思一见到它，就被它那美丽又可爱的样子所吸引住了。思思一直追，小猫就一直跑。突然，它跑到了外边的草丛里，思思也跟着跑到草丛里。过了不久，思思迷路了，不知道该向哪个方向走。可是思思一点也不害怕，她想起妈妈对她说过的那句话："不管遇到什么困难，都要去面对，都要去战胜，不能因难而临阵脱逃。"想着想着，思思靠在一棵树下休息。此时太阳已经落山了，思思想：与其坐着干等，不如朝着太阳的方向走吧，走了可能也许还有一线生机呢！说干就干，思思马上站起身来，朝着太阳走。这招果然灵验，思思真的找到了家。

思思在后来的人生中经历过困难，有过胜利，有过失败，甚至有时还想临阵退缩，但是，思思总能找到勇气，微笑着朝困难奋力前进。

这样培养最有效

一般来说，女孩对困难的承受能力相对来说要比男孩弱。那么，在女儿遇到困难时，父母该怎样鼓励她们微笑着面对呢？

1. 让女儿认识到，困难是生活中不可避免的

父母要让女儿明白，困难和挫折是生活中不可避免的，要教育女儿不要害怕困难和挫折。生活是由幸运和不幸运两部分组成的，任何人不可能永远被阳光照耀着，让女儿对于阴云风雨有足够的心理准备。困难不是"大老虎"，我们应该坦然面对它。

当女儿在挫折面前失去信心时，可以给她讲一些名人遭遇困难后奋发图强而成才的故事，逐渐培养她坚强、乐观的性格。明确告诉她：世上不只她一个人有烦恼，谁的一生都会遇到很多困难和挫折。那些成功的人不是没有受到挫折，而是能很快从挫折中解脱，重新振奋。而那些失败的人，往往就是因为不够坚强、心理承受力差才最终被困难打垮的。

2. 父母要做孩子的榜样

父母是孩子的第一任老师，在生活中，父母能吃苦，能战胜困难，孩子就会养成迎难而上的习惯；如果父母自己经常做事半途而废，说话不算数，这样孩子就会模仿父母，看到困难就害怕或放弃，就很难取得好的成绩，也很难取得成功。

3. 父母要及时地提供帮助

面对女儿所遇到的困难，做父母的还应客观分析。如果确实是女儿略动脑筋就能克服的困难，父母不要急躁，而是要耐心地鼓励孩子自己去思考，自己去解决。如果女儿自己解决了，就要给她表扬，帮她分析哪一步做得好、想得好，以后遇到相同的事情可以借鉴，孩子就会越来越有信心。

对女儿目前不能克服的困难，父母则应积极地协助，也可以由父母提出几种解决问题的办法，让孩子与父母共同解决困难，以增强孩子的信心。孩子乐于听取父母的建议，也会增强父母在孩子心中的威信。

困难是人生中不可避免的一部分，父母要帮女儿树立正确的面对困难的态度，培养女儿战胜困难的勇气和信心，使女儿在困难面前不逃避、不抱怨，以坦然、积极、乐观的态度微笑着面对。

第五章

80后妈妈培养心态平和的女儿

一位作家说："谁不爱心态平和的人，谁不爱心若止水的生命?"的确，对于一个女孩来说，她可以不聪明，可以不美丽，但是心态不能不健康。心态平和是女性温柔的特征，它远远超过了权势、财富、名利的意义，因此，不管遇到什么困难，妈妈都应让孩子保持一种平和的心态。

033 女孩要有一颗平和心

对于一个女孩来说，拥有平和的心态是非常重要的。因为平和是女性温柔与灵性的特征，它远远超过了权势、财富、名利的意义，所以，不管女儿遇到什么困难，父母都要让孩子永远有平和的心态。

为了募捐，豆豆的学校准备排练一部叫《圣诞前夜》的短话剧。告示一贴出，豆豆便热情万丈地去报名当演员。定角色那天，豆豆到家后一脸冰霜，嘴唇紧闭。“你被选上了吗？”爸爸妈妈小心翼翼地问她。

“是。”她丢给父母一个字。“那你为什么不开心？”爸爸问。

“因为我的角色！”《圣诞前夜》只有4个人物：父亲、母亲、女儿和儿子。“你的角色是什么？”

“他们让我演狗！”说完，豆豆转身奔上楼，剩下大家面面相觑。豆豆有幸出演“人类最忠实的朋友”，全家不知该恭喜她，还是安慰她。饭后爸爸和豆豆谈了很久。

谈话的结果是，豆豆没有退出，她积极参加每次排练。妈妈纳闷：一只狗有什么可排练的？但豆豆却练得很投入，还买了一副护膝。据说这样她在舞台上爬时，膝盖就不会疼了。豆豆还告诉爸爸妈妈，她所扮演的狗角色名叫“危险”。妈妈注意到，每次排练归来，豆豆眼里都闪着兴奋的光芒。然而，直到看了演出，妈妈才真正了解那光芒的含义。

演出那天，妈妈翻开节目单，找到豆豆的名字：“豆豆——危险（狗）”。这时，灯光转暗，演出开始了。

先出场的是“父亲”，他在舞台正中的摇椅上坐下，召集家人讨论圣诞节的意义。接着“母亲”出场，面对观众坐下。然后是“女儿”和“儿子”，分别跪坐在“父亲”两侧的地板上。在这一家人的讨论声中，豆豆穿着一套黄色的、毛茸茸的狗道具，手脚并用地爬进场。

但这不是简单的爬，“危险（豆豆）”蹦蹦跳跳、摇头摆尾地跑进客厅，她先在小地毯上伸个懒腰，然后才在壁炉前安顿下来，开始呼呼大睡。一连串动作，惟妙惟肖。很多观众也注意到了，四周传来轻轻的笑声。

接下来，剧中的父亲开始给全家讲圣诞节的故事。他刚说到“圣诞前夜，万籁俱寂，就连老鼠……”“危险”突然从睡梦中惊醒，机警地四下张望，仿佛在说：“老鼠？哪有老鼠？”神情和家里的小狗一模一样。豆豆的爸爸妈妈用手掩着嘴，强忍住笑。

男主角继续讲：“突然，轻微的响声从屋顶传来……”昏昏欲睡的“危险”又一次惊醒，好像察觉到异样，仰视屋顶，喉咙里发出呜呜的低吼。太逼真了，豆豆一定费尽了心思。很明显，这时候的观众已不再注意主角们的对白，几百双眼睛全盯着豆豆。

因为“危险”的位置靠后，其他演员又都是面向观众坐着，所以观众可以看见豆豆，其他演员却无法看到她的一举一动。他们的对话还在继续，豆豆幽默精湛的表演也没有间断，台下的笑声更是此起彼伏。

那晚豆豆精湛的表演抢了整场戏。后来，豆豆说让她改变态度的是爸爸的一句话：“如果你能保持平和的心态，用演主角的态度去演一只狗，狗也会成为主角。”

豆豆的角色没有一句台词，却收获了巨大的成功，就在于她有一个平和的心态，遇到事情，在情绪上要尽量保持平静，不要有太大的波动；在得失方面不要太在意，重要的是整个参与的过程。

这样培养最有效

普天下的女人都在羡慕吴仪、撒切尔夫人的从容镇定，所有的父母也都希望自己的女儿有着不一般的沉着冷静，有一个平和的心态，毕竟以后的路要她自己走下去，是风是雨，她都得承受。那么，作为父母，具体应该怎样培养女儿平和的心态呢?

1. 培养孩子乐观的心态

美国的华盛顿说：“一切的和谐与平衡,健康与健美,成功与幸福,都是由乐观与希望的心理产生与造成的。”其实，一切烦恼忧愁，往往只是由人们的心态所决定的。只要拥有了乐观的心态，就能把一切看开，心态自然趋于平和。

2. 消除自卑心理

当孩子感到自卑的时候，就会怀疑自己的能力，人就会变得心灰意懒，无所事事。父母要让孩子能欣赏自己，保持足够的自信，能肯定自己所做的事情。只要这样去做，孩子的心态就会变得平和，遇到困难时也会用积极的态度去对待。

3. 用平和的心态化解挫折

面对突如其来的挫折，用平和的心态去化解挫折会有很好的效果。父母要告诉孩子：当我们没有力量去改变困境时，不必为此感到沮丧，可以选择从不同的角度来看待挫折，就会从中发现挫折带给你的价值。

生活中，有许多事情都要选择，比如交友的方式，各种小事中所表现的生活习惯……父母应教会孩子用平和的心态去正确地选择。

034

优雅女孩不暴躁

急躁的人遇事常常心急如焚，恨不得立即把事办成，只要有可能，连几分钟也不能等待。如果由于时间方面的原因而不得不等待的话，等待期间就会心神不宁、惴惴不安，如热锅上的蚂蚁，仿佛度日如年。而脾气急躁的孩子也会有这样的表现。

七七在读小学的时候，脾气性格都比较温驯。可进入初中以后，其情绪的波动却特别大。有时候，为了一件小事就会暴跳如雷地摔东西，甚至与爸爸妈妈对着干。有时候，又会为了一次小小的成功，高兴得不得了。

面对情绪如此变化的孩子，父母成天提心吊胆。最近两年，爸爸因为下岗的缘故，和妈妈关系本来就比较紧张，又加上七七情绪不稳定，家里经常有一些争吵。七七高兴时，父母倒无所谓，大不了忍着点，让她高叫几声就得了。可一旦七七不高兴，爸爸妈妈就不知要如何面对了。这个时候，七七会采取不和任何人说话的方式，成天一个人待在房里生闷气，有时候能一个人待在房里一天一夜都不吃饭。

前不久，学校放暑假了，七七回到家里后特别高兴，和妈妈计划着这个暑假要怎样安排，并耐心地听取了妈妈的意见。可是，到了第二天，她的情绪就突然逆转了，不知道是因为什么事情不高兴，将房里的东西扔得满地都是。

妈妈气不过，就狠狠地说了她一顿："你都13岁了，动不动就耍小孩子脾气。你以为你还是3岁的孩子呀，有什么问题，难道就不可以说出来吗？"谁知，七七的逆反心理特别强。妈妈说了她一通后，她就拿起自己的衣服跑到同学家里去了。

对待像七七这样脾气急躁的孩子，父母可以先认真分析孩子急躁的原因，再根据孩子的年龄、能力及脾气秉性等对症下药，帮助孩子改掉脾气暴躁的坏习惯。

一个很任性的女孩常常对别人乱发脾气。为了改掉女儿乱发脾气的毛病，爸爸在阳台上养了很多盆花儿。每次女儿一发脾气，爸爸就让她拿出硬纸片，在上面画一个笑脸后挂在花枝上。刚开始的几天，小女孩发了好多次脾气，一个星期过后，阳台上已经满是笑脸了。看着卡片上的笑脸，小女孩的心情一下子变得豁然开朗起来。她跑到阳台，将上面的纸片拿了下来，边拿边数着：一

张，二张，三张……从那以后，小女孩再也没有乱发脾气。

小女孩对爸爸说："爸爸，当我看见那些笑脸的时候，我才意识到我是微笑生活的。"

爸爸慈爱地抚摸着女儿的头说："是的，孩子，不乱发脾气会使你更快乐……

这位父亲的教育方法很正确，他没有训斥孩子，而是巧妙地通过让女儿画笑脸这样一件事，让孩子懂得了生气会失掉快乐，使女儿逐步改掉了暴躁的脾气，帮助女儿提高了自我制约能力。

这样培养最有效

帮助孩子改变脾气暴躁的不良个性不是一蹴而就的事情，那作为父母具体应该从哪些方面鼓励、引导孩子，帮助她控制自己的情绪呢？

1. 平息孩子的怒火

父母尽量不要在孩子发火的时候对她发火，这样只会使孩子更加暴躁。当孩子一意孤行时，父母可以暂时不予理睬，避免"火上加油"，给孩子继续发作的机会。

2. 帮助孩子拓宽心理容量

当发现孩子的"气"是由外界的一些无足轻重的小事所引起时，父母要教育孩子有容人之量，要宽容大度，不要因为鸡毛蒜皮的小事而大吵大闹，不依不饶。要学会陶冶自己的情操，不断提升自己的道德修养，用理智来"消灭"愤怒。

3. 培养孩子的自控力

对爱冲动、不冷静的孩子，需要培养她们的自制力，让她们学会管理自己的情绪。比如，告诉孩子，当她觉得自己受到委屈要发泄不满时，可迅速离开现场，去做其他事情，或干脆和其他人聊聊天。这样"气"过之后，再处理事情，生气的外部条件已不复存在，就可进行有效的控制了。

4. 父母要注意自身的言行

父母如果遇事不冷静，不是暴跳如雷，就是破口大骂，那么就会于潜移默化中影响孩子的情绪，她们甚至会认为闹情绪、冲动是正常的情绪发泄。情绪是易感染的，成人经常保持稳定的情绪，孩子自然也会受其熏陶。

在每一个孩子的成长过程中都会有很多的烦恼，只有通过正确的疏导，让孩子做情绪的主人，才会使她们正视所遇到的困扰，适当地宣泄心中的情绪，释放心底的压抑。

035

不要因挫折而停滞不前

无论是什么人，在生活中总是难免会遭受各种困难与挫折，孩子也一样，困难与挫折是

她们必经的路途之一。但是有好多孩子在遇到困难后就停滞不前了，不愿意直接去面对困难。

小雅8岁了，正在上小学三年级，她长得乖巧可爱，也算得上聪明伶俐。在小雅4岁的时候，爸爸妈妈曾送她去学钢琴。开始的时候，她凭着新鲜劲和父母的鼓励，学得很不错，基本功掌握得也很扎实。

可是，当基本功练完后，难度增大了，小雅对钢琴的新鲜感也过去了，便不愿再去学了，有时勉强去了，也不努力，当然也不会有什么进步了。小雅的爸爸妈妈都是有一定知识的人，知道强迫孩子去学一些她不愿意学的东西会带

来许多负面影响。

所以，爸爸妈妈看到她实在不愿意去学时，也就没强迫她再去学。但是，从此以后，小雅一遇到困难时就想放弃。其实，在父母看来，有些困难只要小雅不急躁，略动脑筋是完全可以解决的，但她仍没耐心和信心。爸爸妈妈也经常鼓励小雅动脑筋解决问题，但她总是因为一点点小困难就半途而废。面对这种情况，父母不知该怎样帮助和教育女儿了。

小雅在对钢琴的新鲜感消失之后，就不愿意再努力地继续枯燥的学习，说明小雅已经被面前的一点点困难所击倒了。对于父母来说，为了培养孩子面对困难时的韧性与勇气，要耐心地教导孩子，没有过不去的坎儿。国内外很多名人的例子都很好地验证了这一点。

锡德尼·普瓦蒂埃是在贫民窟中长大的孩子。但与其他孩子不同的是，从小时候起，他就有自己的思想，他常常思考着怎样去改变自己的命运。于是，在16岁时，他做出了一个大胆的决定——只身前往纽约闯荡。当时，锡德尼只受过不到两年的教育，并且口袋里只有3美元；他能找到的唯一可供睡觉的地方就是废弃的屋顶，找到的第一份工作是在餐厅里洗碗。

锡德尼对表演一无所知，但他还是到一家黑人剧院去应聘，结果被录取了。然而，他所受的教育有限，因此剧本上有很多字都不认识，背台词时非常困难。

有一次，导演竟然打断他的朗诵，大声地喊道："别再浪费我的时间啦！你根本就不是表演的材料。"

这样的打击在很多情况下会阻碍或摧毁大多数人的意志，但锡德尼却比任何时候更为意志坚定，他决不放弃自己的理想。他从干洗碗工所得的微薄工资里省下钱来，买了一台收音机，把它作为学习用具。到晚上休息时，他一连几小时听播音员说话，努力使自己跟他一样吐字清晰。他还在这家饭馆里找了个乐意教他识字的人帮助他。

后来，锡德尼又来到这家黑人剧团，说服剧团领导让他参加表演课。锡德尼暗暗下定决心，他要成为黑人和白人演员中最优秀的一员。后来的事实证明：锡德尼是他们那一代最优秀的演员之一。

锡德尼·普瓦蒂埃在遭受打击后，没有消沉，而是更加坚定了自己的意志，朝着自己设定的目标努力。在经历了一次又一次的失败后，他终于获得了成功。

正因为锡德尼·普瓦蒂埃在遭受了种种苦难的时候始终坚信苦难只是暂时的，生活中没有过不去的坎儿，所以他始终充满希望，并不断地努力着，终于实现了自己的梦想。

这样培养最有效

孩子遭遇到了困难并不可怕，重要的是父母要教导孩子用什么心态去面对。对生活始终充满希望，不畏惧困难，坚信明天会更美好，无疑是最佳的心态，这就要求父母这样去要求孩子：

1. 让女儿走出“保护圈”

父母要让女儿走出家长的“保护圈”，不要怕女儿摔着、碰着、饿着、累着，父母切不可把女儿成长过程中的困难都解决掉，否则当她将来面对挫折时，她将无所适从。

2. 让孩子在失败中看到成功的希望

挫折对每个孩子来说既是坏事也是好事，把握好了，它能让孩子走向成熟；把握不好，可能使孩子走向沉沦。女孩遭受挫折时，父母要通过一个个成功的事例让孩子认识到，任何一个人在遭受挫折后，只要不放弃、不气馁，只要能及时地从失败中总结经验教训，就能反败为胜，在遭受失败后重新看到胜利的曙光。

教育箴言

我跌倒，又站起来——我步履蹒跚地前进，我小有所得——我有了更大

的希望并且爬得更高，开始看到了一个更广阔的世界，每一次斗争都是一个胜利。

036 培养耐心，打小开始

常听到一些父母抱怨自己的孩子："我那孩子脑袋可好使呢，可就是没耐心，做事总是虎头蛇尾，3分钟的热度。"针对这种情况，父母应该知道，做事是否有头有尾，有始有终，属于心理活动中的耐心问题。孩子是否有耐心，对其长大后学习、工作的成败都有着重要的影响。

可可小时候非常聪明可爱，她妈妈逢人就夸可可聪明。在可可一岁多的时候，妈妈本是无心地教孩子学数数，没想到有一天妈妈带可可去商场，看到商场里挂着的价格牌子，小可可竟自言自语地念出了声"1、2、3……"，妈妈欣喜之余，开始认认真真地教可可学数学。

为了对可可进行启蒙教育，妈妈去书店专门为孩子买了数字图，而且在每个数字后面配上鲜艳的花朵、小动物，很好看。

可可看了一眼数字图就喜欢上了，并且仔细地看着数字和鲜艳的图案，让妈妈教她，甚至连吃饭的时候也不愿意放下手中的数字图。

可可在妈妈的启发下，数字没认识几个，倒是后面的图案几乎全认识了！

经过妈妈的一教再教，孩子也仅仅记住了几个数字，如8、9。当然，能记住这两个数字也是有原因的，其中8和爸爸的发音有点相近，而9对可可来说也不陌生，因为她经常听爸爸说要喝酒。

对于其他的几个数字，无论妈妈怎么教，如何哄，可可都不肯学了。可可的新鲜劲儿还没持续到两天，她就再也不愿去认识那些枯燥的数字了。只要妈妈提到让她说数字，她就会心不在焉地岔开话题。妈妈要是强迫，她索性就溜了。

看到可可这个样子，妈妈有些不甘心，怎么办呢？

经过一番思考，妈妈认为可可是过了新鲜劲儿，烦了这个数字图。于是，妈妈决定使用一种新的方式来激发可可的兴趣。

结果，妈妈的这一做法并没有收到预期的结果。妈妈有些迷惑不解了。

可可学习数字最终没有成功的重要原因就是可可的年纪还小，做事缺乏耐心。有人说："耐心是一切聪明才智的基础。"这都说明耐心是决定孩子未来成功的重要因素，同样耐心被认为是衡量一个人心理素质优劣的标准之一。一个人不管是做多么难的事，只要有耐心，努力到一定程度的时候，就会获得成功。

一位自考毕业的女孩去应聘一家外贸公司经理秘书。但是，公司却给她安排了一个行政部文员的职位。女孩想了一下，觉得只要自己耐心做好文员的工作，一样可以干得很好。于是，她就答应了。

女孩的工作是负责接待客人和复印、打印等琐事。同事们总是把一些需要复印和打印的文件一股脑儿堆在女孩的桌子上，然后告诉她哪些需要复印，哪些需要打印，每种各需要多少份。女孩总是耐心地记录着各种要求，然后认真地做。

有好几次，女孩的认真检查避免了公司的损失。因此，女孩真的被提拔为经理秘书了。女孩是这样对人说的："工作虽然简单，但是只要有超凡的耐心和细心，就会取得成功。"

这位女孩耐心去做她的工作，努力排除各种困难，最终取得了成功，获得了她想要得到的东西。

这样培养最有效

耐心不是天生就具备的，而是需要后天的培养。当孩子哭闹不止时，父母一定要不为所动，以训练孩子的耐心。那么，作为父母，应该从哪些方面对孩子进行正确的引导呢?

1. 父母有耐心，孩子才有耐心

很多孩子缺少耐心，是因为父母自己做事经常半途而废。要想培养女儿的耐心，父母必须要耐心做完每一件事，才不会造成孩子半途而废的行为习惯。而且在孩子开始一种新的活动之前，应先对孩子提出要求，让她对正在进行的活动有个了解。

如让孩子去洗澡，应在开始烧水时就告诉孩子写完作业就去洗澡。在女儿洗澡之前别忘了认真检查作业写完了没有，这样就能培养孩子做事有始有终的良好习惯。

2. 让孩子集中注意力

父母应该让孩子持久地沉浸在一种有趣的活动中，从而培养孩子渐渐学会集中精力做事。父母可以抽出一些时间和孩子一起玩，比如和孩子一起画画、读书、搭积木等。

在活动中，父母要让孩子集中注意力，比如孩子想吃东西时，父母可有意延缓一段时间，不要立即满足孩子的要求，要有意识地在活动中培养孩子的耐心。

3. 不要打断孩子做事

孩子在做一件事情时，父母千万不要去打断，比如孩子在画画时、在看某一部动画片时，父母不能因为出发点是为女儿好，让她去吃东西，就堂而皇之地去打断她，更不能要求她去做其他的事，这都无利于孩子养成做事有始有终的好习惯。

培养孩子的耐心,做父母的首先要自己有耐心，这一点极其重要。当孩子对着父母哭哭啼啼时，父母首先要明白，自己应当沉得住气，这正是一个

教育孩子的极好机会，而不能自己没有耐心，马上就答应孩子们的要求。

037 孩子的叛逆需要妈妈的引导

不知道从什么时候开始，女儿开始有了一丝变化，父母首先注意到的是孩子长高了，并且不再天天跟在父母后面做“小尾巴”。也就是在这个时候，父母发现女儿变得不听话了，甚至有时还会和父母“杠”起来。

当寒寒提出要到外地上大学的时候，寒寒的父母吓了一跳。因为寒寒一直是一个非常乖巧的孩子，她从来没留过披肩发，上网从来没超过父母规定的一小时，从来不和父母、老师顶嘴，从来不敢不完成作业，从来没有考试不及格，甚至从来没迟到过。

上大学那天，寒寒的父母亲自把女儿送到学校。走的时候，寒寒掉眼泪了。可寒寒走之后，并没有像父母对她说的那样，一天一个电话向父母汇报大事小情，让父母运筹帷幄。相反，寒寒就像风筝，从父母眼前飞走了，而且越飞越高、越飞越远，渐渐地就像断了线一样，让父母抓不着了。

寒寒的父母也没想到，这样一个让人省心的孩子，到了大学忽然就变了一个人。寒寒先是到学校附近的美发店给自己染了一个黄头发，又给自己买了几身绝对能让父母晕过去的衣裳，露着肚脐的，膝盖上破个洞的，肩膀耷拉下来的，再配上野性的腰带、粗粗的链子，乖乖女差点儿就变辣妹了。

不仅发型变了，连原来最看重的学习，寒寒都不在乎了。大学里的一些课程令人颇为失望，她开始“必修课选逃，选修课必逃”，逃课成了家常便饭。上午的课不想上，就一觉睡到吃午饭的时候；下午的课不想上，就出去逛街、看电影。终于可以自己决定做什么、不做什么了，寒寒享受着用12年“寒窗苦”换来的自由，早把父母的话抛到九霄云外去了。

离家前，寒寒的父母给她买了台手提电脑，希望能方便她学习，还一再嘱咐她，不要总上网，不要在网上交友，更不能网恋。爸爸还拿出几份不知道什么时候存下来的剪报，告诉她坏人如何利用网络骗钱骗色，要她一定学会自我保护。

寒寒当时全都口不对心地点头答应了，可到了大学，就像久旱逢甘霖，没有父母在背后盯着，寒寒一上网就刹不住，开头每天两小时，后来四五个小时，再后来就整宿都趴在网上。

后来，寒寒的父母隐隐感到女儿有点不对劲，但直到寒假来临，他们才发现寒寒发生了怎样的变化。寒寒的父母无法接受这个“粗野”、“放任”、“不求上进”的女儿，结果寒寒在和他们大吵了一架后，毅然回到学校。寒寒的父母真不明白，为什么从小那么听话懂事的一个孩子，到了大学却变得如此叛逆？

像寒寒的这种变化，在心理学上称为叛逆心理。孩子在一天天长大，随着年龄的增长，她们所接触的范围也跟着扩大起来。当然，她们的知识面也有所增加，慢慢地，她们就有了自己的价值观。当孩子有了属于自己的价值观，并且发现自己的价值观与父母不同，甚至还会遭到父母反对时，她们就会不那么亲近父母了。这个时候，如果父母还是把其当成孩子一样说教，就会迫使她们产生反抗情绪，进而就有了反抗行为。

其实，叛逆是每个青春期孩子的共同特点，是孩子走向成熟的标志。每个孩子多少都会有些叛逆，但不同的孩子表现的叛逆程度不同，有的叛逆让你觉得她长大了，有的叛逆让你觉得她已经失去了掌控。

这样培养最有效

作为父母，要给予女儿更多的关心和爱护，多和孩子交流沟通，这样才能让她健康成长，具体可以从以下几个方面来做：

1. 给予孩子更多的理解

“我这是为她好，孩子为什么就不能理解？”相信很多父母都会有这样的苦恼，自己把所有的爱都给了孩子，不但得不到孩子的理解，反而让孩子更加叛逆。

父母往往一味将自己沉重的爱强加在孩子身上，殊不知孩子根本承受不起，从而令孩子对他们的爱“不领情”。其实，孩子可能需要的只是家长的一个温柔的拥抱，一个鼓励的眼神，或是一句温暖的话语。

2. 及时沟通，增进情感交流

情感交流是人类的本能需求。当父母发现孩子的兴趣会影响功课时，或者做出一些小错误时，不要立即禁止，最好能多了解情况。只有进入孩子的内心世界，才能相处得更融洽。当父母与孩子相处融洽了，孩子自然就不会反叛了。

3. 父母不要管得太多

当孩子长大了，她就会变得有主见，有思想，不再是一只温顺的小猫，她开始接触世界，而她此时所接受的教育足以让她初步规划出自己的目标，形成自己的个性。她知道自己想做什么、不想做什么、喜欢什么、讨厌什么。因此，当父母们再以成人的理念和标准来要求孩子时，便会产生碰撞。所以，有时候做父母的对孩子的事情不要管得太多，过分的关注只会引起孩子的反感。

叛逆是孩子在青春期的一种正常现象，是孩子走向成熟的必经之路，不论社会、家庭都应该正确认识它。

038 镇定和放松并行

女孩比较柔弱，更容易受到家人的特别保护，所以她们遇到什么事情的时候往往就会陷入紧张、惶恐不安的状态。父母经常认为是孩子小的缘故，可是随着她的长大，她也很难在大家面前完全放松。

7岁的女孩宇宇自幼温顺、孤僻、胆小，看到狗、猫、小老鼠的都十分紧张。在家里，父母非常宠爱她，外婆更视她为掌上明珠，处处关心、事事包办。平时父母上班后，宇宇喜欢一个人待在家里，看小人书、玩玩具，听外婆讲故事。她很少出门，十分听话，非常乖，邻居们都夸宇宇是听话的好孩子。以后，家里来了客人，无论大人还是小孩，宇宇大多不理不睬，也不上桌吃饭，独自到内屋里玩玩具。在宇宇4岁的时候妈妈送她上幼儿园，她又哭又闹，不肯去幼儿园。被父母强行送入幼儿园后，宇宇却一个人躲在角落里，不与任何小朋友玩耍，对谁也不讲话，也不愿参加集体游戏活动，显得十分紧张，老师反复劝慰，作用不大。无奈，父母只得把宇宇领回家，但一回到家，宇宇就又恢复了正常，与外婆、父母倒是有说有笑，有时还能帮助外婆摘摘菜、扫扫地、洗手帕等。看到宇宇的情况，别人对此表示担忧，可她的父母却不以为然地说："没关系，再大一点去上学就会好点的。"

像宇宇的这种情况，大多都是在小时候就养成了紧张的习惯，每当遇到什么事，就特别关注，把它想得十分严重。所以父母必须在孩子很小的时候就让她放弃紧张的习惯，从而保持镇定的状态，才能让孩子更容易感到轻松。

一天，诗诗高兴地回到家里，大声地对妈妈说道："妈妈，老师让我报名参加拼写竞赛。"妈妈说道："太好了，你去报名了吗？""还没有。""为什么呢？”“我有点紧张，台下会有很多人看。”“我想你还是报名吧，这样你可以锻炼锻炼自己。不过这事情你还得自己决定，我只是告诉你我的看法。”

过了两天，学校老师打来电话，让诗诗的妈妈说服她报名参加拼写竞赛。诗诗回家后，爸爸妈妈跟她谈了话。爸爸说：“首先，我们不是强迫你一定报名，这事还是由你来作决定，但我们可以谈谈参加竞赛的利弊。参加了竞赛可以锻炼自己的意志，锻炼自己的智力，增强自己的信心。赢了更好，没得名次，也无关紧要，爸爸妈妈不在乎。因为你在爸爸妈妈的心中是有能力的孩子，这点不需要用竞赛的名次来证明。”妈妈说：“老师打电话来说，她是很相信你的能力的。爸爸和妈妈还有你的老师，都不会以比赛结果来重新评价你。我们对你的比赛结果并不太关心，关心的是你是不是用这个机会去锻炼自己。”有开明的父母这样鼓励和支持，最后诗诗克服了紧张的心理报了名，并且取得了很好的成绩。

诗诗的爸爸妈妈对她的引导是使她放松心态，以镇定的心态参加比赛取得好成绩的主要原因。明智的父母要从赏识孩子的角度出发，积极地鼓励和安慰孩子，让孩子树立“我在爸爸妈妈的心中是有能力的孩子”的信念，缓解了孩子的压力，就能让孩子尽快从紧张情绪中走出来。

这样培养最有效

父母都希望孩子能时刻保持镇定的心态，但是一些父母经常勉强孩子，使孩子造成紧张的心理。父母要尽量避免强迫，用下面的几点方法对孩子进行放松技巧的训练：

1. 让孩子做个深呼吸

常识告诉我们，小孩在紧张害怕的时候，她的反应就是弓起背，屏住呼吸，脸憋得通红，这是小孩常有的反应。因此，在孩子感到紧张的时候，要告诉她学会深呼吸，这样可以让孩子镇定下来，保持清晰的思维，让孩子冷静地处理当前所发生的事情。

2. 让孩子多想想感兴趣的东西

可以让孩子在周围寻找一些能吸引注意力的东西，以便集中注意力，这些东西可以是贴有孩子感兴趣的图片的笔记本、告示、课本或一幅画。

3. 不对孩子抱过高的期望

作为父母，一定要看清孩子的实力，不要对她抱有过高的期望，以免给孩子过度的紧张感。

4. 多鼓励和支持孩子

父母应时刻给孩子鼓励和支持，在心灵上为她排忧解难，做她背后的支持者。这时，父母的支持和鼓励，哪怕只是一个会心的微笑，对于孩子来说，都是一剂放松特效药。

为了让孩子在压力面前镇定放松，父母必须注意营造一个轻松的氛围，要积极鼓励孩子，帮助她树立起自信心，此外还要教会孩子一些放松的技巧。

039 忌妒容易使女孩迷失

都说女孩的忌妒心比较强，其实有一定的根据，因为女孩大都比较感性，把得失看得很重要。从学习到生活，从服饰到交朋友，甚至在各种公共场合，由于差距的存在，自然会产生忌妒心理。我们经常会看到像下面这样的情形：

芳芳和媛媛在幼儿园是一对好朋友，平时总喜欢在一起玩。一次在积木课上，芳芳用五颜六色的积木搭了一个漂亮的花篮，而且搭得又快又好。媛媛却怎么也搭不好，急得直跺脚。当老师表扬芳芳搭得又快又好的时候，媛媛很生气，索性把两个人的积木全都推翻了，不服气地说："我搭不好，你也别想搭好。"

小杰和小雨是邻居，小杰的妈妈请小雨到他们家玩。两个孩子在玩棋子的时候，小雨胜利了，妈妈就给小雨一大袋糖果作为礼物。小杰看到自己喜欢吃的糖果送给了别人，就开始又哭又闹，不让妈妈把糖果送给小雨。

在生活中，像媛媛和小杰这样的忌妒心理几乎是被家人宠出来的。她们不允许别人比自己做得好，也不愿听夸奖别人的话。当她们看到别人拥有的比她要多，或认为在能力、财力、美貌、机会等方面超过她时，孩子的心里就会不好受了。她会产生一种不可预料的冲动，不由自主地去说朋友的坏话，这样，忌妒心理就产生了。

忌妒会使孩子的性格变得古怪、消极起来。做父母的应当及早发现孩子的这种心理，尽量把忌妒扼杀在孩子心灵的摇篮里。

真真今年11岁了，忌妒心特强。每当她看到别的同学得了奖状时，心里会很不舒服，还会在家里大哭。看到妈妈夸赞邻居女儿的成绩好时，真真就愤愤不平地说："老师包庇她。"开始妈妈也没当回事,直到去年期末考试前，邻居女儿有3张复习卷丢了，想借真真的复印，真真一口咬定卷子借给表妹了。可妈妈发现真真居然有两份卷子，原来真真竟拿了邻居女儿的卷子。妈妈这才意识到事态的严重。妈妈叫女儿不忙复习，要先和真真谈谈心。

妈妈把忌妒的危害一条条讲给真真听。

第一，对自己来说，忌妒、憎恨别人又无法启齿，只会让自己在痛苦中煎熬。

第二，对别人来说，被忌妒者往往因挫折反而勇敢进取更显优秀。比如偷卷子既不能提高自己的成绩也不能阻止别人进步，反倒让自己背上品德不好的思想包袱，可见忌妒无损他人反而折磨自己。

第三，忌妒是丑陋的。一旦道德堕落，干出伤天害理之事，还将受到社会谴责、法律惩处。

真真听到妈妈说了那么多忌妒的危害后，一言不发。妈妈知道她的内心受到了震动。第二天，邻居女儿约真真上学时，真真拿出卷子向她道歉道："昨天是

开玩笑的，没影响你复习吧。”听到真真这么说，妈妈终于放心了，因为真真认识到了忌妒的危害，就能从根底里拔掉忌妒这棵毒草。

真真的妈妈向孩子讲明忌妒的危害性，让真真意识到忌妒是一种不健康的心理状态，从而改变了自己，重新树立了正确的目标。作为父母，应该像真真的妈妈一样教育孩子用自己的努力和实际能力去同别人相比，不能用不正当、不光彩的手段去获取竞争的胜利，把孩子的好胜心引向积极的方向。

这样培养最有效

忌妒是一种不利于身心健康、不利于真诚团结、不利于学习进取的心理弱点。父母要注意培养孩子豁达的性格，不要让忌妒破坏了孩子的心境，父母可以从以下几点去做：

1. 分析孩子产生忌妒心理的原因

父母关系不和，不当的家庭教育方式，父母经常拿孩子和邻居朋友家的孩子相比；教师在处理孩子间的纠纷时不够公平，都会使孩子产生忌妒心理，从而心胸狭窄。只有了解了孩子忌妒心理产生的原因，父母才能有针对性地对孩子进行教育。

2. 让孩子认识到忌妒的危害

父母要告诉孩子忌妒不仅会影响孩子间的团结，而且对自己也没有好处。

3. 让孩子学会为自己骄傲

父母要让孩子知道自己也有优点，也有值得自己骄傲的资本。专家指出，当孩子为自己感到骄傲的时候，她们就更容易接受别人在某方面得到比自己更多的关注。这种自信不但可以帮助孩子克服忌妒心理，更有利于她们塑造自我。

忌妒是一种不利于身心健康、不利于真诚团结、不利于学习进取的心理弱点。父母要注意培养孩子豁达的性格、宽广的胸怀，指导孩子学会不断自我完善，引导孩子正确认识自己，树立正确的人生目标，不要让忌妒破坏了孩子的心境。

040 要从小教养女孩不拜金

物质只是身外之物，它对于人的意义也只不过是供一时之需而已。可现在的一些孩子们对于金钱盲目推崇，讲究吃穿玩、互相攀比、铺张浪费、追求名牌、超前消费、盲目消费等不良风气正在孩子们身上蔓延滋生。

吃：

追求贵族口味、洋口味。麦当劳、肯德基在全球范围内的境况都不见好转，唯独在中国生意红火，到里边就餐的大多是孩子或者是家长陪着孩子。一斤50多元的外国糖果，68元一盒的新加坡饼干，七八十元一斤的美国苹果，都是孩子们的新宠。

跟着广告走。娃哈哈、健力宝、汇源果汁、可口可乐，电视上有什么，孩子们就喝什么、吃什么。在学校的垃圾箱里，随处可见各种高级饮料的空盒子。

穿：

追求高档、名牌。如今的校园里，西装革履、名贵衣裙屡见不鲜，各种名牌衣装更是比比皆是。有一群小学生，曾经为了比谁的鞋子是名牌而争得面红

耳赤。在学校里，“洋装领袖”和“名牌公主”是许多学生崇拜的对象。许多名牌，成人都不一定知道，孩子们却能如数家珍。

讲究一次性消费。孩子处在生长发育阶段，衣服的淘汰频率高是很正常的。但有的衣服还能穿，孩子却嫌破旧而弃之如敝履。有许多孩子的衣服买过后只穿过一两次就束之高阁，甚至压根儿没穿过。

玩：

近年来，孩子们花费在玩上的消费也越来越多。电子游戏、高档玩具、桌球、看电影，有的孩子甚至还出入舞厅、夜总会等，一个晚上的消费额不是普通工薪阶层所能想象的。

用：

孩子的学习用品也开始讲究高档、精美、新奇。许多孩子书包稍旧便不肯再背，文具盒更是每隔一段时间就新买一个。用笔要用派克的，买书要买精装本、豪华版。一个城市孩子的学习用品往往够农村孩子几个人用。年龄稍微大一点的女学生，还开始购买名牌化妆品、装饰品等。

一些父母，过分关心孩子的吃穿玩乐，任其消费，一些家长习惯于金钱奖励，每当孩子取得了一定的成绩，就用钱奖励，价码不断攀升，导致在很多孩子看来，金钱越多的人越幸福，金钱越少的人越悲哀。其实，幸福不在于金钱的多少，而在于用什么样的思想和意念去看待金钱。

比尔·盖茨认为，自己的成功只与个人努力有关，而与金钱多少没多大关系。确实，盖茨所有创业的钱都是他自己在上学之余打工挣来的，而从来没有向父母伸过手。

众所周知，盖茨与妻子都十分疼爱自己的孩子，但是在满足孩子们的一些要求上，他们绝对是一对吝啬鬼。

盖茨从不会给孩子们一笔很可观的钱，当小儿子罗瑞还不会花钱，而女儿珍妮佛已经可以拿着一些零用钱买自己喜欢的东西时，罗瑞总是抱怨父母不给自己买他最想要的玩具车。盖茨有自己的说法，他认为：再富也不能富孩子。

盖茨经常给孩子灌输这样的思想：人生在世，一个人的生活是否幸福，并不在于他所拥有多少财富，而在于他拥有什么样的思想和意念。

在金钱面前，每个人对待财富的态度是不一样的。只有对金钱不贪婪的人，才能用平和的心态正确对待财富。

这样培养最有效

过分关注物质，甚至到了疾狂的程度，将极大地扼杀人的生命力，剥夺人感受生活和人生乐趣的能力，削弱人的创造能力，打击人的上进心和自信心。父母培养孩子对待钱的好习惯，可以从以下几点去做：

1. 要让孩子知道，金钱是有用的，但不能用它来度量人生。获得金钱有许多技巧，但不能失去诚实、正直、关怀、慷慨、自我牺牲等品质。

2. 家境并不宽裕的父母应当告诉孩子自己的收入，教育孩子不要和别人攀比。如果孩子坚持要买一件名牌衣服，父母可以理直气壮地告诉她："咱家买不起！"同时，教育孩子懂得要使生活过得更好，必须付出辛勤的劳动，将来要靠自己自食其力。

3. 父母可以为孩子创造条件，让她懂得劳动和收获之间的关系，鼓励孩子利用假期去参加公益劳动或者勤工俭学，体会劳动的艰辛和父母挣钱的不易。

4. 只要孩子在社会上独立生存，就必然要与钱打交道。当孩子手里有了钱，父母就应该指导孩子学会用钱，理智消费。

教育箴言

金钱能让人拥有物质条件，但不能代替所有的美好精神品格，很多东西都是用金钱所买不到的，比如幸福。

041
女孩要比男孩更坚忍

坚持力被认为是一个人心理素质优劣、心理健康与否的衡量标准之一，也是孩子未来能否成功的关键因素之一。

著名画家朱军山先生从小受母亲的影响，对艺术抱有浓厚的兴趣。那个时候，母亲经常在家中刺绣，朱军山就一直在旁边看着。渐渐地，他对图案、绘画萌发了兴趣。

朱军山虽然很想学画画，但家里根本负担不起他的学费。那个时候，画画是有钱人的专利。朱军山想了一个一举两得的办法，他找来一根树枝，把大地当画纸，再把眼前的风光当临摹的风景。他画得非常认真，虽然在地上画与在纸上画有很大的差异，但朱军山认为先在地上练好，以后学别的画也就容易了。就这样，他每天将这种绘画方式当成自己学习的课堂，认真地画好每一幅“画”。他坚信，只要自己认真画，总有练好的那一天。

后来，朱军山终于有机会圆自己的画画梦——他有了新的学习机会，他比其他任何同学都要珍惜这个学习机会。他认真地听每一堂课，画每一幅画，精心雕琢自己的每一幅作品。后来，朱军山终于成为享誉海内外的著名画家。朱军山曾这样调侃自己说，其实他也就是有点能坚持的本事，而这点本事，全是靠以前在农村的大地上画“土地画”练就出来的。

朱军山总结出一条成功的经验：无论大事、小事，凡事都得认真坚持，这样才能有取胜的机会。

朱军山的成功告诉了我们，培养并保护孩子坚持与认真的品质，对孩子未来的工作及人生态度都有重要的影响。很多时候，生活中的一件小事，便可影响一个人的未来职业或生活。父母要告诉孩子，一切贵在坚持。

有一幅经典的漫画：

画面是一个沿地面向下的剖面图。画面由人、土层、地下水三部分组成。最下面是清澈的地下水，地下水的上面是厚厚的土层，在土层的左半部，有5个挖得深浅不一的水井。这5个水井有的刚开个头，有的挖了一半，有的已经离下面的水很近了。画的右半部分，土层的上面站着一个人，这个人卷着裤腿，左手拿一把铁锹，右手搭一条毛巾，嘴里抽着烟，很自信地向着别的地方走去，身后是他挖过的五个没有出水的井。漫画的下面写着一行字："这下面没有水，再换个地方挖！"

这个人挖了很多眼井，没有一眼井出水。为什么？因为他总是不能坚持到最后。有几眼井，已经临近水面了，可是他放弃了。他还在挖井，也许永远也挖不出水来。

现在的很多孩子正如这幅漫画中的那个人一样，做事时都有个特点：刚开始时认认真真，时间稍长就会马马虎虎，坚持不下去了。有时孩子刚吃饭时很香，没吃两口就东张西望；积木搭了一半丢在地上不管……缺乏坚持力是很多孩子的通病，因此，对于孩子坚持力的培养，父母丝毫不能懈怠。

这样培养最有效

所谓"不积跬步，无以至千里；不积小流，无以成江海"，说的就是缺乏坚持力的人是无法取得成功的。所以，父母一定要从小就培养孩子的坚持力。那么，父母具体应该从哪些方面来做呢？

1. 告诉孩子坚持的重要性

父母首先要告诉孩子坚持的重要性。比如，可以教孩子种花草，让孩子在培育花草的过程中，观察植物如何发芽、长叶、开花，体会一个生命成长的漫长过程。在这个等待过程中，让孩子明白：无论你怎样着急，你今天撒下种子，它不会明天就长大，要经过一段漫长的孕育时间。要想有所收获，你必须耐心地等待，给它浇水，有时还要松土，并让它享受到充足的阳光。这样，孩子在养花的过程中，就逐步懂得了坚持的重要性了。

2. 利用身边小事锻炼孩子的坚持力

在日常生活中，父母可以利用身边的小事来锻炼孩子做事的坚持力。比如洗碗、擦桌子、收拾房间等。刚开始，孩子可能会边做边玩，父母可以在一旁督促孩子，让孩子用心去做，直到把一件事做完为止。要让孩子明白，做任何事都要坚持把它做完。

3. 让孩子逐步实现目标

可以帮助孩子树立一个小目标，为实现目标不断积累。当孩子做事不能善始善终时，父母也可以加上鼓励性的话："你做得确实不错。"有了这些强心剂，孩子就会激发做事的热情，不断自我暗示，坚定自己的信念，努力去实现自己的目标。

4. 父母一定要坚持到底

在孩子做事不能坚持下去时，父母一定要坚持，不能因为孩子的无理要求做出让步。如果每次都是孩子一有无理要求，父母就做出让步，那么孩子就会得到这样的经验："父母听我的，我想怎样就怎样。"这样一来，孩子做事遇到一点困难就无法坚持下去。

做父母的要鼓励孩子做事不要半途而废。孩子经过努力出色地完成一项工作后，父母要给予及时的表扬，强化孩子做事能坚持的好习惯。

第六章

80后妈妈培养习惯良好的女儿

习惯是慢慢养成的。好习惯可以使孩子终生受益，坏习惯则会使孩子如临深渊。比如，一个习惯认真思考的孩子，她收获的将会是知识和智慧；一个习惯为他人着想的孩子，她收获的将会是善良和幸福；一个习惯往好处想的孩子，她收获的一定是快乐与欢笑；而一个习惯攀比的孩子呢？她收获的一定是忌妒与愤懑！

042 干净清爽是女孩的标签

讲卫生是一种很重要的习惯，对于保持和增进健康更是必不可少的。讲究卫生、注意仪表的干净整洁，对女孩来说更加重要。但在现实生活中，却有很多父母因为孩子不讲卫生而发愁。

又又今年10岁了，长得很漂亮，但就是不爱干净。又又妈妈对此很烦恼："我们家孩子什么都好，爱学习，又懂事，就是不爱干净，吃饭前让她去洗手，她就冲两下，有时连手背都没湿；让她刷牙，她也懒得刷。因为不讲卫生，她常闹肚子，还长了蛀牙，长期这样下去可怎么办呀？"

又又妈妈的烦恼，也正是许多父母共同的烦恼。对于孩子不讲卫生的习惯，父母们常常尝试很多方法，讲道理、批评、责打……但孩子却依然无动于衷，仍然是你觉得我的衣服该换了，我就去换；你觉得我该洗澡了，在你的三催四推下，我就去冲两下……

孩子不讲究卫生、不讲究仪表美，可不是一件小事情，而孩子讲究卫生与父母平时的教育是分不开的。因为讲卫生并不伴随生理的强烈欲望，与吃饭、睡觉不同，需要父母帮助孩子逐渐养成讲卫生的习惯。

有一位叫芊芊的孩子，特别注意卫生。她妈妈告诉她，要从小养成爱清洁、讲卫生的好习惯，尤其是饭前便后洗手的习惯。芊芊问："为什么饭前便后要洗手？"

妈妈告诉她："因为手上摸了脏东西，在吃饭前不洗干净，吃进肚子里就会生病，肚子里就会长出虫子来，有虫子，就要去医院打针吃药了。"等她稍大一点，妈妈还进一步告诉她，饭前便后洗手可以预防各种肠道传染病、寄生虫病。

每次芊芊洗手时，妈妈都为她准备好肥皂、擦手毛巾，放在芊芊容易取拿的地方。而且告诉孩子洗手时要把袖子挽起，以免把衣服弄湿了，并教给她手心手背都要洗。妈妈示范一次以后，芊芊就全部掌握了。

于是，芊芊每天早晨起床后，自己洗脸、洗手。尤其是吃饭前，从来都不用人提醒，自己主动去洗手，打肥皂，口里还念念有词，洗完手，要甩三下，把自己手上的水甩干。有时大人一忙，吃饭前忘记了洗手，她总是及时提醒大人。

像芊芊这样讲卫生的女孩，不管她相貌如何，只要她干净整洁地出现在大家面前，很快就会博得大家的喜爱。

这样培养最有效

培养孩子养成良好的生活卫生习惯是件平凡而细致的工作。父母要持之以恒地要求孩子。通常运用示范、讲解、提示、练习等方法，给孩子以具体的指导和帮助。那么，孩子的卫生习惯不好应该怎么办呢？父母可以从以下几点培养孩子：

1. 父母要讲究卫生，做好榜样

父母是孩子的榜样，一定要起好带头作用，父母必须从自己做起，爱整洁。父母应向孩子示范如何保持干净整齐的仪容，清洁自己时可以让孩子在一旁观看，学习如何将自己清洁得干净、卫生。

2. 教导孩子养成讲卫生的生活规律

在孩子小的时候，就要教导孩子将洗脸、刷牙、洗澡等工作当成生活作息的必需部分，逐渐养成习惯。和孩子一起设计属于她的生活作息表，内容包括她该有的卫生习惯和活动。例如，饭前便后洗手、自己擦鼻涕、会用指甲刀剪指甲、自己按时洗澡、定时大便、使用手纸等。

3. 坚持维持整洁工作的进行

对于和孩子制订的生活作息表，要严格要求孩子按照生活作息表执行。

对待那些执拗的小女孩，父母最重要的是当孩子“耍赖”、“哭闹”、“发脾气”时都要坚持原则。必须让孩子了解，有些要求是没有商量余地的。

例如，如果生活作息表规定每天都要洗澡，不管孩子如何耍赖，都不可以让步。可以和她谈条件：“好，我知道你不想洗澡：可是你知道我们的约定，要等你洗完澡才可以看动画书，你自己决定要怎么做。”孩子无“招”可使，便会遵守订立的那些规则。

4. 检查孩子是否完成整洁工作

如果孩子确实是去洗澡、洗头或饭前洗手了，父母还要注意她是认真去做了还是敷衍了事。要知道，孩子的头发湿了并不代表她一定洗了澡。万一发现她是敷衍了事，可以罚她重洗一次，并取消孩子晚上的娱乐活动。

为了提高孩子自己洗头发、洗澡的兴趣，可以为孩子准备她所喜欢的果香的洗发水或沐浴露等，以及让孩子用造型奇特的卡通洗澡盆等，或将盥洗过程编成儿歌,如洗手歌、洗脸歌、刷牙歌等教给孩子唱，都可以将清洁过程变成孩子愉快的经历，从而让孩子自觉爱上清洁自己的工作。

教育箴言

个人卫生看起来是一件微不足道的小事，却往往反映出一个人的精神面貌和生活情趣。父母要指导孩子在生活中讲究卫生，做个干净整洁的女孩。

043 女孩要有时间观念

工人说：时间就是效率。农民说：时间就是粮食。战士说：时间就是胜利。医生说：时间就是生命。时间是宝贵的，父母要培养孩子珍惜时间的好习惯。

居里夫妇没时间关心生活，家里人都十分挂念他们。一次，居里夫妇收到居里爸爸的信，说要送给他们一些家具，结果这事却让他们很为难。居里夫人说："我们的椅子已经够用了，而且每天都得打扫它们，这样花掉的时间很可惜。"居里说："但是，现在我们只有这两把椅子，再多一把不是很好吗？如果有客人来了，也可以坐坐。"居里夫人还是觉得不妥："万一真是爱闲聊天的客人坐下来不走了，那多浪费时间啊！"他们讨论后达成了一致，觉得多添一件家具，就会浪费很多的时间，所以，就不必再添置任何家具了。

从这件事可以看出居里夫人是多么珍惜时间，她把节约的时间都用来做实验，她是那么认真，她在有限的生命里为人类创造着更大的价值，因此才会成为伟人。

而现在的许多孩子不懂得珍惜时间，这与父母对孩子的娇惯有很大关系。有的孩子爱睡懒觉，每天早上父母一遍又一遍地叫，直耗到不起床上学就迟到的时候，才匆忙起来。父母还得给孩子穿衣服，收拾书包，叠被子……这样做不但不利于培养孩子的时间观念，也助长了孩子依赖父母的习惯。在处理这类问题上，父母不妨看看潇潇的妈妈是怎样培养孩子珍惜时间的好习惯的。

一天，已经是晚上快9点钟了，上小学一年级的潇潇仍然在做作业。潇潇的家庭作业根本不多，可潇潇每天都是吃过饭就摆开摊子写作业，一边写一边玩，每晚没有一个小时的工夫作业都写不完。于是，潇潇妈妈想了想，对潇潇说："潇潇，从现在开始，你自己掐表，看看剩下的作业到底需要多长时间！"潇潇一下子来了精神，认认真真地写起了作业。没多大会儿工夫潇潇拿着两个作业本跑过来报功："9分钟，才用了9分钟！"看着写得蛮工整的作业，妈妈故意惊讶地对潇潇说："写得这么快？潇潇不但会看表，还会自己分配时间了！"潇潇得意地冲着妈妈笑。

9分钟与一个小时，节省85%的时间。潇潇的事例说明，只要做父母的对孩子引导得当，使孩子集中精力做事，节省时间完全是有可能的。对于孩子高效率完成功课节约下来的时间，可以在事先与孩子做个约定，让孩子自由支配，作为对孩子的奖励。这样不但有利于调动孩子完成作业的积极性，而且有利于养成孩子在规定时间内集中精力做好一件事的习惯。

这样培养最有效

孩子并没有多么强的时间观念，她往往不能按问题的主次和事情的轻重缓急来安排时间，而是凭自己的兴趣，结果不但浪费了不必要的时间，还耽误了很多事情。所以，能否利用好时间对孩子来说很重要。当孩子不会合理利用时间时，父母应该帮助她养成合理安排时间的好习惯。

1. 教育孩子树立时间观念

一个孩子对时间并没有什么概念，也不知道时间对于她来说有什么用处，当然就不会去珍惜时间。父母可以给孩子讲伟人珍惜时间的故事，从而使孩子逐步认识到时间的价值和珍惜时间的重要性，逐步树立时间观念，增强时间意识，从而在学习与生活中养成珍惜时间的好习惯。还应该让孩子知道，时间是神圣的，不要随便浪费时间，否则将会受到时间的惩罚。

2. 教孩子学会合理安排时间

父母要注意观察孩子平时是怎样安排时间的，能够合理安排时间的予以表扬，不能合理安排时间的，就要给她提出相关建议。同时，父母还可以帮孩子制订一个合理的作息时间表，什么时间起床，洗漱要多长时间，吃早餐要多长时间，放学后先做什么，然后做什么，几点睡觉等，都可以给孩子做出合理的安排，从而使孩子逐步养成合理利用时间的好习惯。

3. 教孩子有效利用时间去学习

每个人都有生物规律，孩子也是。在相同的时间段，心情好的时候学习效率就高；情绪不稳定的时候，学习效率就低。父母可以让孩子注意观察自己的特点，掌握自己的最佳学习时间，然后把重要的学习内容安排到最佳时间去学习。

4. 让孩子体验耽误时间的苦果

现在很多孩子做事磨蹭、拖延，不珍惜时间，这些毛病都是父母的娇生惯养造成的。当孩子赖床不起时，就让她品尝来不及吃早饭、上学迟到、受老师批评的苦果。一旦孩子品尝到耽误时间的苦果，心里会感到不舒服，自然会吸取教训，做事就不会再磨蹭拖拉了。

教育箴言

谁对时间最吝啬，时间对谁最慷慨。要时间不辜负你，首先你要不辜负时间。放弃时间的人，时间也会放弃他。

044 女孩不挑食不偏食

生活中很多的孩子都存在着偏食、挑食的问题，尤其是一些比较娇气的女孩，吃饭时总喜欢在菜里翻来翻去，专门挑选自己最喜欢的吃，不爱吃的就一口都不动。这种行为不礼貌不说，还容易把菜搅凉、弄脏，让别的人反胃，最让你揪心的还是孩子的身体健康将会大打折扣。因此，纠正孩子挑食、偏食的坏习惯，是家长必须认真对待的重大课题。

小艺今年6岁了，小时候吃得白白胖胖的很招人喜欢。可近两年来，她变得非常挑食。她吃饭的时候，总喜欢在菜里翻来翻去，吃肉的时候，上面有一丁点的肥肉她就会吐出来。像西红柿、芹菜这类营养丰富的蔬菜，她吃了还会反胃。

有时候，小艺看到没有她喜欢吃的菜，就会说心情不好，不想吃。因为怕小艺不吃饭会肚子饿，爸爸妈妈总是在家里预备着各种口味的零食。和同龄的孩子相比，小艺的脸色看起来没有女孩应有的红润，体质也明显偏弱，经常动不动就发烧感冒。每次小艺吃饭时的样子简直像是在受罪，有时候甚至为吃一碗饭还要提条件，就好像是在为父母吃一样。小艺的父母很发愁，像这样下去，女儿的营养怎么能跟得上呢？

小艺就是典型的“吃饭难”孩子。对于几岁的孩子，与其以强硬的态度让她被动地接受父母的观点，不如像下面新新的妈妈一样，采取机智的策略，把吃饭变成快乐的事情，让孩子自觉自愿地把小肚子填饱。

新新很喜欢做游戏，对于她不爱吃的菜，妈妈就和她做“开火车”的游戏。妈妈把小勺当火车，边念儿歌边喂她：呜呜呜，开火车，爬过高山，走过平地，喀嚓喀嚓，火车钻进山洞里。当念到“火车钻进山洞里”时，新新就乖乖地张大嘴巴做山洞，让妈妈的“火车”钻进去。慢慢地，只要妈妈一念儿歌，新新就能自己“做游戏”了。

新新不爱吃菠菜，无论新新妈妈怎么耐心地教育，就是提不起新新对它的好感。这时候，动画片《大力水手》帮了大忙，片中的大力水手“波比”在需要解决困难的时候总是吃上一大桶菠菜以增强功力去打败敌人，新新很爱看。妈妈借机说：“你想有大力水手一样的本领吗？”“想！”“那你就和他一样，多吃菠菜呀！你看，菠菜的作用多大！你吃了菠菜，身体一定和大力水手一样棒！”新新听着觉得很有道理，慢慢地也就能吃些菠菜了。平时，只要新新吃了一点点原来不爱吃的菜，妈妈就大大地夸奖她一番。在适当的时候，妈妈就告诉她各种菜的营养，这不但有利于改正新新的挑食习惯，还丰富了她的知识。

新新妈妈用唱儿歌、讲故事、做游戏的方式，鼓励女儿吃饭，并有意识地给她讲一些吃蔬菜的好处。吃饭时，若新新不愿意吃蔬菜，可以帮助她回忆儿歌、故事中的内容，比如“多吃蔬菜身体好”等，这样，孩子自然就会乐意吃菜了。

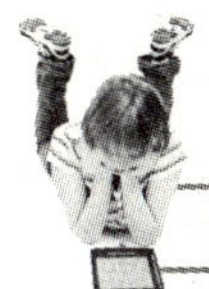

这样培养最有效

为了纠正孩子挑食、偏食的坏习惯，父母们可以从以下几点来培养孩子：

1. 控制孩子吃零食

许多孩子食欲不佳，主要原因在于孩子吃零食太多。大多数零食在口感上比父母做的饭菜要好吃，可是，孩子无节制地吃零食，不但会败坏孩子的胃口，还会造成在吃正餐之前就已经吃饱了的后果。久而久之，孩子自然不会好好吃饭。孩子吃的坚果、水果、葡萄干和乳酪等零食，里面虽然也含有大量营养物质，但这些东西肯定将降低孩子吃正餐的欲望。孩子偏食、挑食等不良习惯的养成也就在所难免。因此，父母应该有意识地控制孩子吃零食的数量，或者用一些小点心代替孩子所吃的零食，就能循序渐进地纠正孩子偏食、挑食的坏习惯。

2. 和孩子一起为用餐做准备

做饭的时候，充分调动孩子的兴趣，让孩子一起做饭。或者买菜的时候带上孩子，让孩子对蔬菜等有更直观的认识。吃饭之前，让孩子帮着在厨房里张罗，比如摆放餐具、端菜、盛饭等。把用餐作为家庭中的一件大事来做，这样做，孩子肯定能吃得比平常香。

3. 制订“尝一点”的规矩

要让孩子明白，家庭用餐是一种集体行为，不是自己一个人的事。不能只顾自己，什么东西自己最喜欢吃，就一个人“包圆儿”，自己不喜欢吃的东西连看都不看一眼。好吃的饭菜要尽量想着别人，不好吃的饭菜，即使自己根本没胃口，也应该出于照顾大家的目的，尽量多吃一点。让孩子养成吃饭时必须每一盘菜都尝一尝的好习惯，既能丰富孩子的食物结构，还能培养孩子就餐的良好礼仪。

4. 改进烹调技术，增加饭菜的花样。

父母可以在烹调上多下工夫，增加饭菜的花样，尽量把饭菜做得可口，增加孩子进餐的欲望。比如孩子不爱吃蔬菜，父母可以经常包馄饨、做饺子，把

蔬菜切碎了混在一起做馅；孩子不爱吃肥肉，就把肥肉掺进瘦肉里剁成肉泥，然后做成肉丸子吃。

很多小孩子挑食就是源于其父母本身就非常挑食，所以，做父母的要注意避免经常有意无意地对孩子灌输这个好吃、那个不好吃，这个要吃、那个不要吃之类的思想。

045 运动让女孩更美

对于男孩，父母总是带他去参加体育锻炼，他们希望儿子能够在体育锻炼中强身健体，并且希望儿子在体育锻炼中变得更加坚强、有毅力。其实，这个教育观念对于女孩来说同样适用。父母送给女孩最有价值的礼物之一就是让她热爱运动。

小若本来从小是个活泼爱动的小淘气，在幼儿园里总是显得很活跃。而妈妈非常重视孩子的智力开发，总是建议孩子多花一些时间看书、画画，不重视小若的体育活动，觉得给小若多补充一些营养就可以了。一次，小若在幼儿园的体育活动中，不小心摔了一跤，把膝盖摔破了。小若一回家，妈妈心疼得不得了，批评小若太淘气了，甚至有些埋怨老师。在妈妈的一番叮咛之后，幼儿园老师在以后组织游戏的时候，总是把小若看管得很紧，避免她在运动中受伤。而在家里，妈妈的看管更加严格，还告诉小若，运动时很容易受伤，而且夏天在外面运动容易中暑，冬天运动了出了一身汗再吹风就很容易感冒发烧，等等。渐渐地，小若和小朋友一起玩的机会减少了。但妈妈也慢慢发现，小若的协调能力似乎不如其他孩子了，动作也比其他孩子慢。每到春秋变天的时候就会感冒，身体素质越来越不好。

小若本来充满了活泼好动的因子，但是小若妈妈的做法将这些因子扼杀在了胚胎中。小若妈妈认为女孩不像男孩一样需要强壮的体魄，有足够的营养就可以保证了，所以把主要精力都放在女儿的学习上面。实际上，营养是一个方面，而体育锻炼是更为重要的另一方面。有的父母意识到了这个问题，并且在孩子小的时候就有计划地对孩子进行了锻炼。英子的父母就是这样做的。

英子从小就爱玩爱闹，总是拉着小朋友在小区的花园里跑来跑去、跳上跳下。每个周末，英子爸爸都会带着英子打羽毛球、打篮球、爬山、游泳等。在运动的过程中，英子的协调反应能力和身体素质都得到了提高。在这样的坚持下，英子从小学到高中总是校运动会上的热门人物，跑步、跳远常拿冠军，并且在高中还成为校女子篮球队队长。大学毕业后，英子到德国继续求学。课余时间，英子依然会到体育场上和同学一起运动，她健康的身体和爽朗的性格很快便打破了国界的限制，英子交到了很多好朋友，很快就适应了德国的生活。在给爸爸、妈妈的信中，英子写道："感谢你们从小支持我运动。运动给了我力量、健康和快乐！"

如果父母们都能像英子的爸爸妈妈那样，心态平和，教女有方，重视女儿的体育锻炼，使孩子享受积极健康的运动乐趣，我们完全可以相信，独生女同样能独立、乐观、勇敢地面对生活。

这样培养最有效

运动不但能使孩子拥有强壮健美的身体，还能带给孩子活力和勇气，使孩子性格开朗、活泼乐观。那么，父母该如何培养孩子热爱运动的好习惯呢？

1. 让孩子养成爱好锻炼的生活方式

培养孩子早起锻炼身体的习惯。4～13岁是人形成良好习惯的关键期，孩子在生理上处于生长发育和素质发展的敏感期，可塑性大，最容易接受父母的引导与训练，正是养成自觉锻炼身体习惯的好机会。如果错过了，随着人年龄的增长，由于受到旧习惯的干扰，新习惯将难以形成。

2. 给孩子创造运动的条件

要创造运动条件，鼓励、支持孩子参加各种体育锻炼来增强孩子身体各部位的机能和适应环境的能力，使孩子的体质得以增强。

3. 为孩子提供安全的场地

训练孩子的运动能力，应该为她准备安全的场地。父母将孩子整天关在家中是不正确的。孩子从幼儿园出来时，总希望在外面玩一会儿，这时父母不要急着带孩子回家，应该让她做些必要的户外活动，可以在居住地的周围找一块空地让孩子蹦蹦跳跳。这时，父母应该特别注意住宅区周围过往的车辆，保证孩子的安全。

4. 给孩子提供一些用具

孩子为运动而运动有时会感到枯燥乏味，父母可以给孩子配置些必要的运动器具，增加孩子参加体育活动的兴趣，如球类、橡皮筋等。另外，为了方便孩子的运动，应该让孩子穿运动鞋和运动服。

5. 父母可参与孩子的运动游戏

由于许多孩子缺少玩伴，父母就不可避免要充当这一角色——当孩子的玩伴，如与孩子一起拍球、传球、单腿跳等。5～10岁的孩子竞争意识逐步增强，她们重视行动后的结果，所以父母与孩子一起玩，可以促进孩子运动能力的提高。

6. 要鼓励孩子持之以恒地运动

体育锻炼只有持之以恒，才会有效果，也只有持之以恒，才能形成运动的习惯。因此父母要帮助孩子制订运动计划，并督促孩子坚持。

一个人对运动的热爱多形成于青少年时期，并影响其今后的一生。因此，作为父母，在女孩青少年时期就应培养女孩的运动观念、掌握运动的技能，以养成热爱运动的习惯。

046 好孩子学习做事不拖延

女孩性格温柔，做起事来不似男孩一般雷厉风行。父母要注意培养女儿做事利索的好习惯，因为一个做事利索的孩子往往能在相同的时间内做较多的事情。如果一个女孩形成这一良好习惯，那么，她无论是在学习、生活上，还是在工作上，都能有效地利用时间，提高效率，做出比别人出色的成绩。

小琼都上小学五年级了，可是做什么事都不紧不慢，起床要半小时，吃饭要半小时，上个厕所还要半小时，别人不催，她更不着急。尽管妈妈一直催促她“快一点，快一点”，但仍起不到作用。妈妈劝过她，也训斥过她，她当时改了，但过不了几天老毛病就又犯了。

星期六的晚上，小琼说作业不多，要看会儿电视，妈妈同意了。结果，小琼从十点开始写作业，四十分钟只做了两道题，然后又说太困了，剩下的四道题想明天早晨再做，妈妈只好随她。第二天一早，她六点多就起床了，可只做了一会儿就又上床睡了。妈妈在检查她的作业时，发现剩下的那四道题根本没做。于是，吃饭时爸爸妈妈再次对她进行劝导和说教。可是，她却一脸不耐烦，趁父母不注意竟偷偷地跑出去玩了。

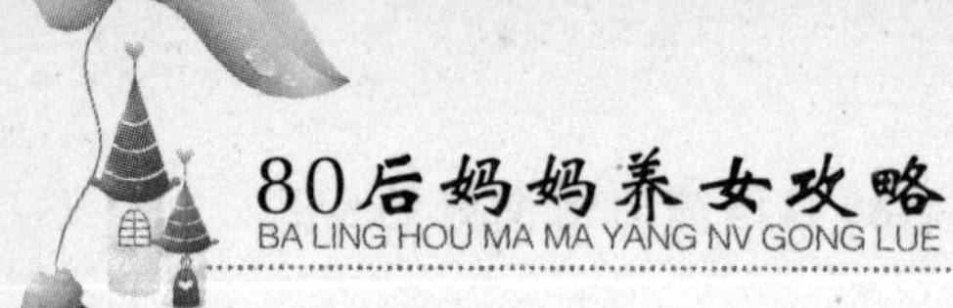

每到周末，老师留的家庭作业，她都必定要挨到周日的晚上才开始搞突击，有时写不完就把填空和选择题都留着，等周一上午上课前，找同学抄一遍。每天的作业，她也是经常要做到晚上十一二点钟，甚至要到第二天早晨起来还得补一课才能完成。

现在的很多孩子都像小琼一样没有自控能力，凡事要有父母的催促才可以完成。培养孩子自我管理的好习惯，父母不能急于求成，而应要让孩子意识到磨蹭的坏处，使孩子自己改掉磨蹭的缺点，养成自我管理的好习惯。

原北京十中初三学生胡静，在考上市重点中学之后，写了《我改了磨磨蹭蹭的坏习惯》一文。她在文中写道：

和一些初中同学一样，每当我坐在书桌前开始写作业时，我的想象力都异常丰富，什么明天早晨吃什么啦？邻居家的小狗什么时候生小狗宝宝啦？美术作业能得几分啦？……总之，只要我能想到的事在做作业时都能在我脑子里出现。所以，作业便写写停停，停停又写，速度甭提多慢了。

到了初三，随着课程难度的增加，作业量也随之增加了。于是，每天光做作业我就要写到晚上十一二点，更别提复习了。有一次考试，由于题量较大，我做题的速度慢，最后三道大题都没有做完，只得了56分。这件事对我打击很大，我知道我再不能这样磨磨蹭蹭了。从那以后，我便实行了“作业计时”的计划。

我立志改正磨蹭的坏习惯，每天做作业时都把自己的小闹钟摆在书桌上，根据作业量限定时间。开始时当然会遇到一些困难，有时管不住自己，想别的事，我就命令自己：“快回来！”时间久了，我便习惯了这种超越我的常速做作业的方法了。练了几个月，我做题的速度大大加快，每逢考试我也能把所有会做的题做完了。

今年中考，我进入了市重点中学，这跟我改掉磨磨蹭蹭写作业的坏习惯有很大关系。

胡静努力改掉自己磨蹭的坏习惯，考入了重点中学，说明改正孩子主观上的认识更重要。父母要教会孩子管理自己的生活。有了这种独立、不依靠别人的习惯，孩子们才会适应现代社会环境中的激烈竞争。

这样培养最有效

孩子做事磨蹭的主要原因来自于孩子的惰性。那么，作为父母怎样才能去掉孩子的惰性，使她改掉磨蹭的坏习惯呢?

1. 让孩子按时做事

父母可以从孩子的实际出发，制订一些改正方案。做什么事情，需要多长时间，事先都做好假定，在假设的时间内(当然能够越快越好)保证质量地完成。做完以后，可以共同讨论，对方案进行调整，争取下次做得更好。

2. 让孩子和那些办事效率高的孩子交朋友

让孩子跟那些做事较快的孩子多在一起学习、玩耍，让孩子们之间互相影响。而且，还可以与做事快的孩子的父母取得联系，让自己的孩子在被其影响的同时，别的孩子也可以得到更好的提高。

3. 给孩子制订一定的目标

给孩子制订每天要做的事情的时间、任务和要达到的目标，完成以后可以给其一点小小的奖励。例如，在训练孩子穿衣服时，父母可以给其做示范，让她自己学着穿衣服。还可以用布娃娃做试验，让孩子给布娃娃脱衣服和穿衣服。每次完成时，都应给予鼓励和表扬。

教育箴言

如果孩子拖延的习惯没有得到及时的纠正，久而久之，不仅会影响到她的学习成绩和学习效率，还会使她形成拖沓的性格，影响到她将来的工作和生活。对待孩子磨蹭的习惯，父母一定要用耐心和爱心帮助她逐步改正，不要操之过急。要注意总结方式方法，不断提高她的速度。

047 女孩从小就要做事有计划

计划是实现目标的蓝图，好的计划等于成功的一半。懂得计划能使人做事有方向，就像人要去一个地方，如果事先没有计划，漫无目的地乱乘车，最后是无法到达终点的。孩子做事也是如此，如果孩子心中没有想法，毫无计划、盲目地去做，最后什么都做不好。

果果是个什么都喜欢做的小女孩，细心的妈妈却发现果果做事有点盲目。比如画画，果果总是拿起画笔，想都不想就左一个圈、右一个圆的，问她画什么，果果总是摇摇头说："哎呀，别问了，我也不知道画了什么！"

周末，小表妹来果果家玩，她们一起堆起了积木。不一会儿，小表妹就搭了一座漂亮的红顶屋。回头看看果果，只见果果煞有介事地拿着积木堆来堆去，可是一直到摆最后一块积木，也没看出果果在搭什么。小表妹问："姐姐，你这是什么呀！""我也不知道搭了个什么。"看着小表妹搭的漂亮的小房子，果果心里又是佩服又是难过。

俗话说，"脚踩西瓜皮，滑到哪里算哪里"，这是很多孩子的通病，她们无论是学习还是做事都显得杂乱无章，手忙脚乱。有的孩子认为，学校有教育，老师有教学，跟着老师走，按照学校要求办就行了，何必自己再定？这种想法不对。学校和老师针对的是全体学生，每个学生还应该按照老师的要求针对自己的学习情况制订具体的个人学习计划，特别是放学以后的自学部分，更要有自己的计划。

张海迪当年就是一个做事非常有计划的孩子。她在5岁时，不幸成为一个残疾儿童。对于她来说，是不能进学校读书了，可是求学似渴的张海迪并没有因此而放弃学习。父母下班回家的第一件事，就是教她学习。

张海迪很高兴，也特别爱学习，但手术造成的肋间神经痛时时折磨着她病弱的身躯，让她不能正常学习。可是她并没有因此就影响了学业。在母亲“今日事今日毕”的教导下，张海迪明白，学习是自己的事，绝不能拖拉，就在心里告诉自己：“我要像在学校读书的孩子一样，每天完成作业。”于是，她每天都定下计划，不完成当天的计划不睡觉，绝不把今天的事拖到明天去做。

就这样，没有机会走进校门的张海迪靠奋发努力，学完了小学、中学的全部课程，还自学了英语、日语、德语等，并攻读了大学本科和硕士课程。

在学习的同时，她还从事文学创作，按计划先后翻译了《海边诊所》等数十万字的英语小说，编著了《向天空敞开的窗口》、《生命的追问》、《轮椅上的梦》等书籍。

张海迪坚持“今日事今日毕”的信念，做事有计划，不拖延，努力学习，充实自己，终于学有所成，她的这种精神值得我们学习。

张海迪作为一个残疾人，在少儿时期就能有计划地去做自己的事情，那么，作为正常的儿童，就更应该严格要求自己，按计划做事，决不能拖沓。

从本质上说，孩子事先制订计划并不是为了向父母汇报，也不是给孩子在学习上增加压力，根本目的是为了让孩子记住每天有哪些重要的事情需要去做，而不是被无形的压力弄得手忙脚乱、烦躁不已。父母有必要让孩子明白，制订计划的根本目的是让孩子逐渐形成一个有序的生活节奏。

这样培养最有效

心理学家研究，孩子在小的时候，无论做什么都有很强的随意性，“兴来则做，兴去不做”。对此，父母可以帮助孩子制订计划。

1. 教孩子学着作计划

要让孩子做事有计划，父母可以向孩子示范自己的计划，即把自己的计划告诉孩子，并且征求孩子的意见，让孩子帮着计划。比如，在一个星期天，父母打算带孩子出去玩，可以向孩子展示这一天的计划，并且征询孩子的意见，

让孩子知道计划的重要性。慢慢地，孩子就会学着去安排自己的事情了。

2. 让孩子按计划办事

在日常生活中，父母要向孩子强调计划的重要性，并给孩子的各项行为制订一些计划。当然，这些计划的制订应该让孩子参与进来。制订了计划以后，孩子必须按计划办事，不能半途而废。对于年龄小的孩子来讲，父母应该要求她在玩的时候自己把玩具拿出来，玩完以后再自己收好；对于上学的孩子来说，就应要求她看书做作业的时候要认真，写完作业才能去玩。

3. 教孩子按规律做事

引导孩子计划周密，学会有条理、有规律地生活，都离不开科学的态度。也就是说，要遵循客观规律，而不能冲动蛮干乱了计划。

做事情有计划的习惯会带给孩子自信和成就感，当孩子看到面前成堆的学习任务被狠狠地划去，象征着这些敌人被征服和消灭，那就像是军人看到自己肩膀上的金星在一颗颗增加一样，是何等地酣畅淋漓。

048 要有劳逸结合的意识

小敏是一个初中女生，她学习刻苦的劲儿班里没有几个人能比得上。每天到校后，便一头扎进习题中，跟谁也不交流；课间休息的十分钟里，也待在教室里埋头苦读，即使上厕所，也要拿一本书；音乐和体育课总是找理由不上，躲在一边去学习；放学回家的路上边走边看书，经常碰撞到行人身上；回家除了吃饭的时间外，全部用在学习上，从来不看电视，当很多孩子津津乐道李宇春或是评论《哈利·波特》的时候，她也在学习；每天晚上不学到10点以后不睡觉，很多同学背后都叫她“学习机器”。然而，她的学习成绩却很一般。

小敏的症结就在于学习时没有注意劳逸结合，以致学习效率不高。这样的问题在许多孩子身上都或多或少地存在。很多孩子也很努力，但没有注意适当地休息，因此造成了身体上的疲劳，这样学习的效果就会大打折扣。

这样培养最有效

孩子需要学习的科目多，知识量大，如果不善于调节，一味增加压力，不仅学习的效率无法保证，还有可能给孩子带来意想不到的危害，甚至损害孩子的健康。对学生来说，休息很重要，选择合适的休息方法更重要。好的休息方式，有时效果比学习更大。那父母该如何培养孩子在学习上劳逸结合的好习惯呢？

1．让孩子认识劳逸结合的重要性

许多孩子认为，只要拼命地学习，在学习中投入的时间越多，就一定能取得优异的学习成绩，其实这是一种错误的认识。要想学习好，不仅要有好的学习方法，同时还要懂得劳逸结合，这样才能大大提高学习效率。父母让孩子充分认识到劳逸结合所能带来的好处后，孩子才会在学习进入疲劳阶段时对自己进行适当的调整，而不是硬着头皮去学习。

2．让孩子走出恶性循环

许多孩子在学习中进入疲劳状态时，因学习效率下降，往往在不知不觉中用延长时间的方法来达到预期的学习目标，结果陷入恶性循环：越是延长时间，学习效率越低，学习效率越低，就越要延长学习时间……这样不仅会浪费大量的学习时间，还会加剧疲劳，甚至对身心健康都造成伤害。

3．给孩子自由活动的时间

在制订计划时一定要充分尊重孩子的意愿，并给孩子留出一定的自由活动时间和空间。学习需要计划，其实玩也需要有计划。与孩子一起讨论玩的设想，其实是增进亲子关系的好途径，因为在讨论如何玩的时候，孩子的心情是放松和快乐的，也更容易听得进父母的建议。

4. 陪孩子一起锻炼

孩子用脑强度大，需要适当的运动量。父母可以和孩子约定，每天学习疲倦后，和父母一起跑跑步，做一些别的运动。在运动中还能进行情感交流，帮助父母了解孩子的真实想法。值得注意的是，父母最好不要把时间规定得太死，孩子什么时候需要休息，就什么时候陪她锻炼。

教育箴言

学习上的劳逸结合，是孩子的生理发育和心理发展规律的客观要求，父母不能顾此失彼，只要孩子用功学习而不顾孩子的身体。

第七章

80后妈妈培养自尊自爱的女儿

自尊心是指对自己的尊重，不向别人卑躬屈节，也不容许别人歧视、侮辱。对于一个女孩来说，自尊心则是她的精神支柱。有了自尊心，她才能在人前昂首挺胸地站立起来。可以说，自尊心是女孩最为看重的财富，它对于每一个女孩来讲都是一件无价之宝。

049 自尊自爱才是好女孩

一个女孩在成长的过程中，自尊心受到了伤害，很容易形成消极的自我评价，这不利于自信心的培养。因此，作为父母，要积极维护女孩的尊严。

一天，小眉班上年龄最小的同学小艺在小眉家画完画，小眉要和她出去玩。两人收拾准备时，小眉妈妈随手把两个孩子涂抹得乱七八槽的纸张卷在一起，并准备扔掉。小艺见状急步过来对小眉妈妈说："阿姨，别把这些画扔了，我还要带回家去呢。"小眉妈妈一愣，小艺又问："您不喜欢我的画吗?但是我妈妈一定会喜欢。她告诉我，不管我做什么她都喜欢，因为她爱我，我是天下第一。"小艺显得很认真。小眉的妈妈若有所悟，小艺的自信在妈妈的培养和鼓励下已经根深蒂固了。小眉妈妈自愧不如小艺的妈妈，她的言行举止，在潜移默化中使孩子树立信心，而小眉妈妈险些将孩子的自尊心毁掉。

小艺的话告诉我们，女孩心思细密，她们在成长的过程中，渴望得到别人的鼓励和赞美，同时也害怕别人的轻视。因此，要求父母一定要注意自己的言行，很可能一个不经意的动作，就伤害了孩子的自尊。

对于成长中的女孩来说，没有自尊心，就没有上进心。可是如果一个人过于自尊，或者自尊心过强，同样会起反作用，影响人的身心健康，给学习、生活等各方面带来麻烦和困难,有些人还因此出现心理问题。

小云已经上小学四年级了，她平常挺爱学习的，就是自尊心太强，听不得别人说她不好。在学校每天都要老师表扬她，她才高兴；如果她做错了事让她道歉，她就一个劲地哭；倘若老师批评了她，她就不敢一个人去上学了，觉得很没面子，非要大人送去才行。

有一次，小云把老师留的数学作业做完了，让老师看时，老师说，今天虽然你是第一个做完的，但不工整，我不给你100分！小云听老师说后就大哭起来。还有一次，学校开运动会，小云没跑第一，也不高兴。妈妈对她说，没事的，只要你努力，妈妈都觉得你是最棒的！可小云好像始终觉得自己必须是第一，否则就感到自尊心受到了伤害。

小云的父母很担心，现在小云那么小，自尊心就那么强，承受不了一点打击。以后长大了还有那么多的挫折和失败要经历，不知道小云今后该如何去面对。

小云的现象说明自尊心是把双刃剑，如果太强了，也会阻碍孩子的发展与进步。所以，父母在教女儿维护自尊心的时候，一定要告诉她辩证地对待。教育女儿时要做有心人，既要顾全她的自尊心，多肯定她的优点，增强她的信心，激发她的积极性，也要避免她因为自尊心过强而走向极端。

这样培养最有效

女孩的自尊和男孩的自尊不太一样。男孩的自尊带着倔犟和逞强的成分，而女孩的自尊则带着矜持、含着敏感、藏着脆弱。女孩的自尊心像稚嫩的小苗，需要培养与呵护，一旦受到伤害，会留下难以愈合的伤口，甚至会影响她的一生。那么，父母该如何保护孩子的自尊心呢？

1. 父母要适当对孩子进行鼓励、赞扬

教育专家说：维护孩子的自尊心，应积极鼓励，适当赞扬或给予奖励，使孩子在自豪中建立自尊。虽然是女孩，却也难免争强好胜，这是有上进心的表现，她们都希望得到成人的赞许。但由于少不更事，难免出现错误或做事情不如大人意。对此，不能过多责备孩子，而应抓住其微小的进步，激发孩子的积极性，使她们克服不足，让她们在不断的进步中增强自尊心。

2. 不要用粗暴对待孩子

不要简单粗暴地对待孩子，使孩子在愤恨中失去自尊心，而应该循循善诱，就事论理，使孩子在不知不觉中建立自尊。

3. 要细心为孩子创造自信的机会

女孩通常爱表现自己，喜欢做事，更喜欢成功，这对她们的成长没有什么不好。作为父母，不要怕烦，更不要为了让孩子显得文静，就引导孩子退缩，而应尽可能地给她们创造机会，让她们施展才华，并用爱抚的微笑、诚恳的赞许鼓励孩子进步。这样不但使孩子增强了自信心，还可以培养父母与孩子之间的感情，一举两得。

4. 让孩子在平等之中建立自尊

有些父母在教育孩子时往往显示出父母的派头，以命令式的口气和孩子说话。还有个别父母认为孩子小，不懂事，无所谓自尊心，常常当着众人的面批评、指责，甚至打骂孩子。久而久之，孩子会逐渐感到自卑，缺乏自信，并且与父母之间出现对立情绪。呵护女儿的自尊心，并非要等到她长大懂事才开始注意，而是要从小就给予呵护，女儿才能从小就形成健全的性格。

儿童的尊严，是人类最敏感的角落。保护儿童的自尊心，就是保护儿童前进的潜在力量。

050 首先是要爱惜自己的身体

要让女孩学会自尊自爱，首先就要让她爱上自己的身体。女孩的自信是从爱自己的身体开始的。如果孩子对自己的身体没有自信，那她就会对自己没有自信。因此，让女孩爱上自己的身体，是女孩对生活充满希望和满足的第一步。

34岁的记者蒂娜回忆起30多年前发生的一件事，此事使她在之后的很长一段时间都对自己的身体不满意，并且一度形成自卑心理。

她说："由于父母分居，我和妈妈住在一起，所以每次父亲来接我时，我总是很激动。我渴望得到父亲的爱。

"可是，父亲似乎并不爱我，尤其是他不喜欢我瘦弱的样子。那一年我大约6岁，一次，我从我们所住的楼里出来。看见他的车停在前面，我很高兴，连蹦带跳地跑过去。爸爸说：'嘿，小兔子，你最好别跳了，你瘦得皮包骨头，没什么可摇晃的。'说完，他就哈哈大笑，但我却哭了起来，尽管父亲一直安慰我，说只是和我开个玩笑，但是一想到我在父亲心中的形象如此不好，我就无法快乐起来。

"我通过父亲的眼睛看见了自己，我明白了为什么小伙伴们把我比作麻杆儿。从此以后，父亲的这一称呼一直刻在我的内心深处，它使我总是认为自己很丑，并难以接受自己。这也直接影响了我的婚恋生活。成年后，虽然别人都说我的身材很好，但我总是无法正视自己，就是结婚以后，我也担心丈夫嫌弃我。"

小蒂娜的父亲并不是有意嘲讽自己的女儿，本来是在和女儿开玩笑，这种方式有时对小女孩来说很有意思。但是对于一些比较敏感的女孩，父亲的玩笑就可能会给孩子的心灵带来伤害，使女孩对自己的身体完全没有自信，甚至产生自卑的心理。

女孩的身体娇嫩纤细、弱不禁风，每位父母都会尽全力保护它，同时，让孩子爱惜自己的身体，还要求孩子自己加强锻炼，才能拥有一个健康、健美的身体。

小乖的爸爸从小努力锻炼女儿的身体，他把1岁的女儿放在腿上颠着玩、和3岁的女儿玩耍嬉闹、和5岁的女儿踢着球到处跑、和7岁的女儿奔跑追逐、和9岁的女儿一起投篮球，使小乖的身体里总是有着充沛的精力。

暑假里，小乖一家一起去游泳，在水里，爸爸妈妈毫无顾忌地与小乖嬉戏、打闹……小乖快乐极了，她感到自己的身体充满了力量。望着自己闪着水珠的健康的身体，小乖觉得生活是那么美好。

小乖的父母为了给小乖一个健康的好身体，总是带她去参加各种锻炼，他们希望孩子能够在体育锻炼中强身健体，使孩子变得更加坚强、有毅力。

其实，要想让女儿健康成长，父母必须有一个正确的观点：女儿不是脆弱的花瓶。当父母不再把女儿当作脆弱的花瓶来看时，女儿身上就会释放出一种惊人的潜能。而这一切都将为女孩成长为一位出色的女性打下基础，因为一个健康的身体是成功最重要的保障。

这样培养最有效

让女孩爱惜自己的身体，父母就要从小就把这种思想贯彻在生活细节中，可以从以下几个方面去做：

1. 培养女孩爱自己身体的意识

父母在对孩子的早期教育中，就要培养孩子爱自己身体的意识。在美国的教育中，有一种方法叫做“重塑芭比娃娃形象”。如果女儿向父母要芭比娃娃，父母可以利用这个机会告诉她：她的身体要比芭比娃娃的好多了。如果父母不是通过说教的方式而是通过玩游戏的方式教育她，会更有趣，女孩也更容易接受。

2. 要女孩爱惜自己的身体，拥有健美的体态

使女孩体态健美的锻炼方法很多，从事各种各样的体育活动，都有利于女孩健美体态的形成，例如健美运动、健身操、器械体操、跳绳运动等。只要父母根据孩子的特点和条件，让她们选择一些简单有效的项目，运动量从小到大，动作由易到难，数量由少到多，负担由轻到重，坚持不懈，就会使女孩拥有健美的体态。

女孩非常看重自己的身体，尤其是处于青春期的女孩，喜欢照镜子就是这一心理的具体体现。但是，很多女孩在镜子中发现的都是自己身体的缺陷，她们为此忧虑、自卑。父母应该引导孩子爱惜自己的身体。

051 女孩更要有自己的隐私权

孩子进入青春期后，会变得不爱跟父母交流，不论是欢喜还是忧愁，她都会把它写在漂亮的带锁的日记本里，然后小心谨慎地藏到衣柜里，或者床底下，要么锁在抽屉里，就像稀世珍宝一样，反正就是不能让父母看到。

而很多父母总感觉和孩子亲密无间，并以爱为借口，觉得理所应当可以监护孩子的一切。父母的这种“爱心”往往会使孩子的自尊心受到严重的伤害。

辛辛今年13岁了，在市区一所重点中学读初一，学习成绩不错，又是班干部。她性格开朗，和妈妈关系也不错，有什么事情经常会和妈妈沟通，妈妈觉得对女儿的学习和生活状况也很了解。可最近妈妈发现，辛辛的话少了，一回家就闷在自己的卧室里不出来，从不写日记的辛辛突然开始写日记了，还将日记本锁在抽屉里。最让人担忧的是，近段时间来，她连续两次测验成绩都下降了。

看着辛辛神神秘秘地写日记，妈妈就觉得她肯定有事瞒着自己，心里担忧不已。一会儿怀疑她早恋了，学坏了；一会儿又担心她交了不好的朋友，受欺负了。有一天，辛辛上学后，妈妈发现她把钥匙落在了床上，就去拿钥匙打开了辛辛的抽屉，但是抽屉里什么也没有，妈妈十分纳闷。辛辛放学回来后就直奔卧室，出来时大叫道："妈，你是不是动我的钥匙了?还动了我的抽屉？"妈妈故作镇静地说："没有，谁动谁是小狗。"辛辛冷笑道："哼！告诉你吧！我早把我的日记本转移了，我在钥匙上放了根头发丝，抽屉上夹了个小纸条，就是想试探你，没想到你真中招了。以后不许动我的东西，我所有的东西上都有记号。"

辛辛向最亲的妈妈锁住自己，是因为父母不能尊重她的隐私。其实，孩子的内心大多是单纯的，并不像父母想象的那么复杂，她们只是想要一个可以自由倾诉心情的地方。所以，父母尽量不要偷看孩子的日记，不要因为看不到就"草木皆兵"地把它当成早恋的苗头。父母应该用关心和尊重的态度对待孩子，尊重孩子的隐私权。

一天，露露突然问妈妈："妈妈，你会偷看我的日记吗？"

妈妈说："你有心事啦，哎呀，乖女儿真长大了。"

露露脸一红："妈妈好坏，不是那个意思嘛，我是说假如我有日记呢？"

妈妈说："如果你一切顺顺利利，妈妈怎么会不尊重你的隐私权呢？但是如果你不对头了，比如，找不到理由的成绩下降，脾气变坏等，而问你呢，你又不肯说出来，那妈妈只好去翻你的日记看喽。"

露露说："妈妈，偷看日记是违法的呀。"

妈妈说："我知道呀。但妈妈负有教育你的重任，如果没把你教育好，没有尽到自己的责任，同样也是违法的呀。二者相权，取其轻呀。"

露露说："嗯。我明白了。"

最后，妈妈还说："这事呢，还是取决于你自己。你能健康成长，我又何必费心去看你的日记呢？"

像露露妈妈和露露这样平等地去交流，让露露体会到妈妈对她深沉的爱，就会靠真诚来赢得孩子的信任，比直接窥视孩子的隐私效果要好得多。这样，孩子不但不会事事瞒着父母，还会很主动地和父母分享她们的快乐和忧伤。

这样培养最有效

父母对孩子的日常活动和心理变化表示关心是正常的，但一定要注意方式和尺度，不能打着爱孩子的旗帜而侵犯孩子的隐私，具体应该注意以下几点：

1. 不要偷看孩子的日记

孩子的心事大部分都记在日记里。父母不要随便进孩子的房间偷看孩子的日记，要知道这是在侵犯孩子的隐私。虽然通过这种方式可以了解孩子的想法，却让孩子讨厌父母，以致孩子离父母越来越远。

2. 对孩子适当指导

孩子正确的人生观尚未形成，是非观念不强，在很多问题上，还不能把握好分寸。父母要细心观察孩子的细小动态，掌握孩子内心隐私的同时，要根据性格、爱好等适当地采取措施，慢慢地把正确的观点渗透进去，培养孩子分辨是非和处理事情的能力。

3. 多和孩子进行平等的交流

孩子有了隐私，做父母的直截了当地去偷看孩子的日记会伤害孩子的自尊心，造成孩子沉重的精神压力，甚至产生敌意和反抗，采取全方位的信息封锁和防备措施，导致父母与孩子关系的恶化。

父母要放下高高在上的架子，和孩子耐心地沟通，以取得理解和认同。把孩子当成朋友，何愁吸引不来孩子真诚的信任呢。父母要让孩子拥有私密的空间，正确对待孩子的隐私，才能赢得孩子的尊重和爱戴。

教育箴言

青少年时期的孩子对隐私的需要超过她一生任何其他时期，甚至成年期，如果你认为隐私对你很重要，那么它对你的孩子更重要。

052 女孩要有保护自己的能力

女孩必须有能力保护自己。作为父母，要培养女儿自信的感觉，即与困难斗争并解决了问题之后的那种全身热血沸腾的感觉。这样的女孩，才能够一生善待自己，而不至于因为没有主见而成为别人手里的商品。

古语云“人必其自爱，然后人爱之；人必其自敬，然后人敬之。”一个人只有先自爱才能承受得起别人的爱。一个女孩，如果能流露出对自己力量和周围世界的认识和自信，那她就会大大打击潜在的攻击者。但如果她表现得很怯懦胆小，就可能会招引来暴力行为。

有一位女教师，热情，开朗，富有才华，可是33岁的她却离过两次婚。她的两个前夫与她相比，无论人品还是能力，都差一大截，第二任丈夫还有暴力倾向，而且在被打之后，这位女教师根本就没有想过要去维护自己的人权。直到她的哥哥知道了她经常挨打，而且那第二任丈夫在外面还有一个情人，才强迫她离婚。人们非常不理解，不知道她为什么要选择这样的人结婚。

一位朋友问她为什么，她回答说：“我很丑，能力也很低。我只能找到这样的人。”她的朋友大吃一惊。要知道，这位女教师五官端正，眼睛大而有神，气质高雅，只是嘴巴略大了一些，从整体看上去虽然不能称之为绝世美女，但是仍然比一般的女子漂亮，真不知道她怎么会认为自己长得丑呢。

看着朋友惊讶的表情，这位女教师指着窗台上的一张照片，问道：“你看这个人漂亮吗？”照片上是一位女士，眉目清秀，的确要比女教师漂亮多了，朋友仍然不解，女教师解释说：

“那是我妈。我妈年轻时是出名的美人，可我却是‘丑小鸭’。从小我就自卑，觉得自己丑，嫁不出去。于是，我不敢选择条件好的男生，我害怕被人家瞧不起。”说完，她自嘲地笑了。

我们可能会觉得这位女教师很可笑，就是因为觉得自己长得“很丑”，就没有自信，怕被人家瞧不起，而毁了自己的大好前程。所以，作为父母，一定要让孩子有保护自己的意识，相信自己是优秀的，相信凭借自己的能力完全可以保护自己。

北京的孩子在自我保护方面做得非常好，一些未成年小学生，一上出租车，就很自然地从车上的小盒里取一张“服务卡”。假若遇上坏的出租司机，对自己不恭，这些小学生就会按照“服务卡”上的车号、姓名、电话告你没商量！

对女孩来说，父母要教女儿学会自我保护。要让女儿知道不管在家里还是在外面，都要勇于捍卫自己的人身权利。遇到欺负自己的坏孩子，要敢于反抗，反抗不行，就要及时告诉老师和家长，以寻求大人的帮助。当女儿遭遇性骚扰时，要告诉女儿，女孩的身体是最尊贵的，除妈妈外，不允许任何人看，也不允许任何人碰自己的身体。如果在路上或公交车上遇到有人图谋不轨，一定要大声呼喊，或者往人多的地方跑；有人对自己无理，若情况不严重可以不去理睬，若严重了就要大声斥责，不必害怕等。

这样培养最有效

女孩是一个特殊的群体，可能遇到的意外情况太多了。父母一定要教育女儿，不论如何，都要保持机智、勇敢，学会随机应变，灵活处事。那么，父母该如何教女儿保护自己呢？

1. 要让女儿相信自己的力量

有保护就有溺爱，尤其是过度保护。这些来自父母的保护，可以使女儿获得安全，增大她们健康成长的可能性，但同时也埋没了她们的能力，让她们不再相信自己的力量。

要让女儿相信自己的能力，还要让孩子了解自己的感情，知道自己是高兴还是不高兴。尽管她也会考虑到周围的人的感情，但她不会为了害怕别人难受，而忍受让自己的身心受到伤害。告诉女儿：一定不要让自己被别人利用和伤害，别人也要对他们自己的行为负责。

2. 教女儿辨别好人坏人

父母要教会女儿如何识别好人与坏人，不要轻易相信别人，尤其是自己一个人遇到不认识的人时，不能轻易地跟着别人走。若对方强行拉自己走，要尽量想办法拖延时间，以等待好心人的帮助。

3. 要给女儿说“不”的勇气

父母要教女儿学会拒绝，如果女孩知道接受别人的要求以后自己会受到伤害，要坚决地用“不”表明自己的态度，拒绝自己厌恶的行为。

4. 教女儿学会自尊、自爱

对处于青春期的女儿，父母就要更加关心，要多抽些时间陪陪女儿，与女儿进行沟通和交流，让女儿明白，一个女孩最重要的德行操守就是自尊、自重，否则就会被人鄙视和唾弃。

作为在社会中处于弱势地位的女孩，她们不得不面对一些很可能发生在她们身上的伤害行为。她们需要学会遭遇到不良行为时如何保护自己。

053
不能让孩子被虚荣左右

自尊自爱是一个人具有积极意义的品质，死要面子、追求虚荣、盲目骄傲等不是自尊，而是一种自卑的表现。这一点与我们日常生活中所说的自尊有所区别。在日常生活中，我们有时会听到这样的责备：“你这个人自尊心太强了。”好像说，自尊太低了不好，太高也不行，最好是适中。

那么，到底是什么使孩子产生这样消极的所谓的“自尊自爱”呢?显然，是父母的教育。美国教育专家戴门教授认为：真正的“肯定个人自尊”，应来自她真的达成某些挑战，而不是凡事必赞美。很多父母动辄把孩子当星星捧上天，使得“维护孩子自尊”失去真正的意义。

艾艾在一所中学就读，她们班上有许多同学家境不错。不知从什么时候开始，艾艾喜欢上了名牌，衣服要名牌，袜子、鞋子也要名牌。虽然艾艾的家庭条件并不拮据，但是她的这一行为还是遭到了父母的反对。

然而，艾艾丝毫不悔。过生日那天，她坚持要请同学去“阳光城”夜总会。她说是其他同学都这样，自己如果不这样，就是“掉价”、丢面子。

艾艾的父母认识到了问题的严重性，决定要改正孩子的这个坏毛病，可是，他们不知道该如何做。

很显然，艾艾非常爱慕虚荣。她不断地与别人比富、比面子，认为只有如此才能体现出自己的价值。这不是真正意义上的自尊自爱，物质的东西永远无法体现自己的真实价值，所以父母对于孩子的这种虚荣心必须要纠正。

四川理科状元叶欣是一个非常漂亮的女孩，叶欣的父母既为女儿的美丽而骄傲，同时也为女儿的美丽而担忧。他们担心从小就长得很漂亮的女儿会在赞扬中因虚荣而变得既骄惰又不学无术，最后只有依靠暂时的美丽做资本，而失去成功的资本。

为了让女儿能够避开因美丽所可能导致的各种灾难，他们采取了一系列预防措施。他们首先让女儿认识到美丽只是一笔暂时拥有的财富，用不了多长时间它就会像花开花落一样消失得无影无踪，只有人的才学、能力才是一笔可以长期拥有的财富。

因此，只有把心思放在自己的学业上，放在自身素质的提高上，才是长久之计。为了让女儿更加清楚明了地看到女孩依赖美丽所导致的种种不良后果，他们还经常将一些人因虚荣而最后一步步毁掉自己的悲惨故事总结出来，写好贴在家里的“格言栏”里，以便女儿经常能看到，好经常提醒女儿，让女儿加

深印象。

与叶欣的父母有共同想法的是天津文科状元刘小溪的父母。他们自从女儿上中学进入青春期后，就时刻警惕着女儿的虚荣心。每当发现虚荣心正准备侵入她的灵魂并主导她的行为时，他们就会在一旁提醒女儿，虚荣心将会使她迷失方向，误入歧途，从而影响到学业……

他们非常清楚随着女儿进入青春期，爱美之心渐渐燃起，虚荣心对一个正在学习期间的孩子，尤其是对一个女孩意味着什么。许多女孩在这个时候，不知不觉把大量的心思和时间都用在穿衣打扮、追星、追赶时髦、怎么引起异性的注意……许多女孩往往在这个时候开始无心学习，学习成绩随之大幅下降。

所以，刘小溪的父母从小就教女儿，一个人的虚荣心太重就会让她迷失方向，误入歧途。

在学习中也一样，千万不要因为某一次考得好而得意忘形，也不要因为某一次考得不好而心灰气馁。

后来，当刘小溪成为2002年天津市的文科状元时，她曾这样说道：我知道自己有可能成为状元，但是，我从来没有给过自己这样的要求，也没有刻意追求过这个名号。

相信叶欣和刘小溪能拿状元的原因，最重要的就是摒弃虚荣这把枷锁，从而摆正自己的心态，实现了自己真正的价值观。

这样培养最有效

孩子爱上虚荣，有碍进步，甚至会形成好忌妒、冷酷的性格。父母要对孩子的虚荣心加以遏制，可以从以下几点去做：

1. 让孩子正确认识自己

没有虚荣心的孩子懂得自尊自爱，她们对自己有一个非常清醒的认识，既不高估自己，也不低评自己，她们的全部心思都放在如何提高自己的水平和能力上，而不是与别人进行攀比。

2. 掌握好正确的比较观

父母在与孩子的交谈中，应该引导孩子多从社会价值而不是个人价值的方面去比较。争取把孩子的眼界放大。例如，比一比个人在社会中做出的贡献，而不是只看到个人的好处。要让孩子关注自己的努力，而不是外在的条件。

3. 帮助孩子树立一个正确的荣辱观

也就是对荣誉、地位、得失、面子要持有一种正确的认识和态度。一个人应该有一定的荣誉感，但面子“不可没有，也不能强求”。如果“打肿脸充胖子”，过分追求荣誉，显示自己，就会使自己的人格受到歪曲。

虚荣的人被智者所轻视、愚者所倾服、阿谀者所崇拜，而最终为其虚荣所奴役。

054

避免成为盲目的“追星族”

“追星”是在少年中十分流行的一种行为，而“追星族”现在也早已经不是新鲜的词汇。其实“追星”只是孩子在成长过程中一种自然而然的英雄崇拜。但是，现在的孩子，尤其是女孩，她们将“追星”演绎得荒唐又痴狂，有些孩子在成长的关键期因为“追星”而迷失了方向，甚至失掉了自己的生命。

2003年6月，大连一名16岁少女在家中自杀，起因是母亲没有给她买张国荣的CD，并说张国荣“变态”等话。这名少女生前曾是父母和老师的骄傲，不但学习成绩优秀，还能讲一口流利英语，擅长演讲，喜欢弹奏电子琴。

面对女儿灿烂如花的照片，妈妈满脸泪水，她哭诉："我对她那么好，她为什么会为张国荣去死？6月21日，我带孩子去超市。在音像专柜前，孩子看到张国荣的CD碟非要买。我想她马上要考试了，就没买，她非常生气。回家拿了钥匙，说去姥姥家，摔门就走了。不久，姥爷打电话告诉我孩子在暖气管上吊死了，我都傻了，到现在我都接受不了。"

"她日记里说10年后到香港去找张国荣的墓碑，去看他。笔记本上写满了张国荣的名字。""眼看还有四年孩子就要上大学了，她却突然离我们而去。我多希望这样的悲剧不要在别的家庭重演。"

然而近年来，这样的例子已经屡见报端，一再上演，不由引发了父母的恐慌和反思。越来越多的父母开始关注青春期孩子的心理问题。

这样培养最有效

为了避免孩子因盲目"追星"迷失方向，父母可通过以下几点来及时、有效地监督和引导孩子：

1. 要弄清楚孩子所迷恋、所崇拜的对象及原因

弄清楚孩子所迷恋、所崇拜的对象是谁，弄清楚孩子迷恋他（她）崇拜他（她）的原因，对家长来说是非常重要的。因为它关系到家长对孩子追星事件的后续态度和行为。家长弄清了孩子所迷恋所崇拜的对象和原因，就可以因势利导，及时纠正孩子不健康的追星行为。有的孩子把一些名人或明星作为自己的偶像，是因为他们长得帅、漂亮或喜欢听他们的歌，看他们演的戏。诸如此类的"追星"行为，家长应该给予劝阻，让孩子认识到这是一种既浪费时间又对自己没有什么用的事情。

2. 要正确对待孩子为追星而提出的要求

孩子为了表达对偶像的羡慕和喜爱，会情不自禁地向家长提出一些要求，如去看偶像的演唱会或举办的展览会，或到外地去参加偶像的各种活动。对孩子提出的这些要求，家长要具体问题具体分析。对于孩子提出的不合理要求，家长无论如何都不能答应，决不能向孩子低头让步。决不能对孩子百依百顺，

过分满足孩子的要求容易引发孩子过高的欲望。

父母可以引导孩子积极参加各种社会公益活动和体育锻炼。或者和孩子一起参加各种有意义的社会公益活动和体育锻炼，如爬山、打球、长跑、游泳、参加绘画和唱歌比赛、参加青少年志愿者活动等。这些健康的、有益的活动，可以丰富孩子的生活，开阔孩子的视野，使孩子获得成就感、满足感，了解自己存在的价值，从而积极地、勇敢地、乐观地面对生活，减少追星的时间和淡化对偶像的情感。

“追星”只是孩子在成长过程中的一种“偶像”情节，父母们可以借助于孩子们渴望成功的心态，来引导孩子们，把对外在的盲目“追星”，回溯到对自身的塑造上来。

055
远离伤害，珍惜生命

一部日本电视连续剧即将转播完毕，女主人公在最后不幸死去。然后，在现实生活中，一个女高中生竟在电视剧全部播完的那一夜，留下了“要去另一个世界陪伴她”的遗书，轻易地放弃了如花的生命。

广州的一对小姐妹，为了能亲眼看一看“那个世界”，竟然做起了上吊的游戏。

当今社会，人们的生活水平有了明显提高，可是孩子的心理健康水平却没有得到相应的提高。自杀已成为未成年人的第一死因。帮助孩子走出心理阴影，防止孩子走向极端，让孩子健康成长，已经刻不容缓。

让我们来看看著名儿童教育家卢勤女士发表在《中国少年报》上的一篇短文《每一个生命都是奇迹》：

你见过海龟产卵吗？那是一个奇迹！今年暑假，我带领60多名小营员来到广东惠州的海龟湾，参加"认识生命"夏令营。

在湛蓝的大海边，有一片金色的沙滩，这就是海龟产卵的"产床"。漆黑的夜晚，海龟妈妈游上岸，在头天找好的沙滩上，用两只前鳍挖一个大坑，自己卧进去；再继续用力挖一个深坑。由于海龟是海洋生物，没有像乌龟一样的硬爪，不一会儿，海龟的肉鳍已是鲜血淋淋……海龟妈妈就是这样忍着巨痛，把蛋宝宝产在深坑里，然后再用已是伤痕累累的肉鳍向后扬沙，直到用沙子填满深坑。看到自己的孩子确实没有危险了，海龟妈妈这才"一步三回头"地离开沙滩游回大海。

过上一段时间，乒乓球大小的小海龟终于钻出蛋壳，拼命爬向大海，去寻找妈妈。有很多个头小或是有伤残的小海龟会在途中死去，或者被其他动物吃掉。但是，剩下的小海龟仍是义无反顾地扑向大海的怀抱。令人惊奇的是，30年后，这些小海龟又会回到这片沙滩上生儿育女……

"这太神奇了！海龟居然有记忆，能记住自己出生的地方！"小营员们被深深感动，"海龟妈妈太伟大了！""我总算明白了，为什么把从海外留学归来的人叫做'海归派'了，原来他们也像海龟一样，从来没有忘记过养育自己的祖国！"

"对呀！"我对小营员说，"世界上每一个生命都是奇迹！人更是奇迹！你们的爸爸妈妈有上亿个精子和卵子，在结合中都壮烈地'牺牲'了，最后只有一个最棒的精子和一个最棒的卵子成功地结合在一起，就创造了你！所以，你一生下来就是最棒的！没有任何理由瞧不起自己，更没有任何理由伤害自己的生命。父母生你养你不容易，祖国培养你不容易。你来到这个世界上的任务，就是要把你最'棒'的能力奉献给社会，让世界因为你而变得更加美好！不管别人怎么看你，不管别人怎么说你不行，你都要始终相信自己，立志成为一个有价值的人，回报你的父母，回报你的祖国！妈妈在等你长大，祖国在等你长大。"

这篇文章告诉孩子们：人生最宝贵的东西就是生命，而生命对于每个人只有一次！

面对生命，你没有理由轻言放弃，因为你来到这个世界上实在不容易；

面对死亡，你会感受到生命的可贵，因此，你更会让生命的每一天都不虚度，永远不要陷入因浪费时间、碌碌无为而产生的羞耻和悔恨中。

面对世界上的一切，不要等到只有失去了，我们才会珍惜。生命也是如此，只有紧紧抓住它，才不会让它轻易离你而去。

珍爱生命吧！快乐地活着。

这样培养最有效

孩子的极端行为无疑会给自己、家庭和社会带来严重的伤害和损失。为女孩树立正确的生死观教育，使其爱惜生命是每一位父母义不容辞的责任。那么，父母究竟该如何做呢？

1. 父母要关注孩子的心理健康

孩子的心理不健康，就会影响孩子的学习与生活，还可能会导致一些严重的心理疾病。所以，父母一定要关注孩子的心理健康问题，培养孩子的耐挫能力，让孩子拥有阳光般的心态和坚强的性格。

2. 告诉孩子要爱惜自己的生命

父母要让孩子知道，每一条鲜活的生命都是由父母带到这个世界上来的，再由父母辛辛苦苦地养育大，是非常不容易的。轻易地选择结束自己的生命，这对父母既是一种难以想象的伤害，也对不起父母的养育之恩。不爱惜自己的生命是懦弱的表现，是对自己的不负责，更是对父母的不孝。

3. 帮助孩子走出困境

如果孩子因为受挫而长时间沉湎于焦虑与痛苦中是非常危险的，父母要引导她正确看待挫折，让孩子把内心的痛苦、失望说出来，她就会感到放松些。这时，父母需要做的不是训斥或惩罚孩子，而是耐心地倾听孩子的述说，开导她的情绪，使孩子走出困境。

教育箴言

父母平时就要重视孩子的心理健康和生死观教育，培养孩子健康的性格和良好的心理素质，并且学会处理孩子的心理危机。

第八章

80后妈妈培养善于交际的女儿

良好的人际关系，可以决定一个人的生存质量乃至命运的走向。要想让女儿学会处理人际关系，妈妈就应从小告诉女儿与人为善的品德，让她学会与人分享，学会去关心别人，学会主动与人交往。

056
学会与人交往，适应社会

一位阿拉伯哲人说过：一个没有交际能力的人，犹如陆地上的船，是永远不会漂泊到人生大海中去的。孩子时期是个体社会化的重要时期，而社会化的顺利完成离不开人与人之间的交往。但是现在都市中，独立的空间环境使孩子们很少走动来往，严重影响了孩子们的人际交往能力。

筱筱妈妈在接女儿放学的时候，给筱筱买了一包小气球，里面只有一个紫色的小气球，其他的颜色每样都有好几个。在路上，她们碰见筱筱的一个同学，两人都很高兴，一起玩起气球来。妈妈看气球挺多就让女儿送一个给同学，于是就叫筱筱的同学自己挑一个，那个小同学听了非常高兴，就挑了一个紫色的气球。但是筱筱却不愿意了，说自己只有一个紫色的，说完便从同学的手中抢回了气球。妈妈看女儿这样马上就批评她，筱筱看到妈妈严肃的样子，于是十分不情愿地挑了一个粉红色的给同学。那位小同学拿着粉红色的小气球讪讪地走了，走时还说紫色的气球会爆掉的。筱筱听了非常不高兴，还说："早知道粉红色的也不给你。"

还有一次，筱筱妈妈的朋友带了孩子到筱筱家来，筱筱妈妈让女儿和朋友的孩子玩积木。可是不到五分钟，朋友的孩子哭着跑过去说："阿姨，我没有积木，她不肯把积木给我玩。"望着孩子带泪的脸和坐在身旁的朋友，筱筱妈妈感到非常尴尬，于是气愤地质问女儿："你怎么这么没礼貌？为什么不把积木分给妹妹玩？""这是我的东西。"筱筱用坚定的眼神看着妈妈。这时，妈妈又以商量的语气对女儿说："对，这是你的东西，但是妹妹是客人，你应该把自己的东西和妹妹一起分享，把你的积木分一点给妹妹，和她一起玩，好吗？""不，这是我的东西，我不愿和她一起玩。"筱筱仍然坚定地回答，真把妈妈气得够呛。由于有朋友在，妈妈又不好跟她较劲，只好另外找了些玩具给朋友的孩子玩。

从这些平日小事可以看出，筱筱显得很“小气”，跟别人很难好好相处，人际关系很差，这就要求父母耐心细致地对孩子进行引导。

甜甜天生活泼好动，是一个人见人爱的乖孩子。她在人际交往方面处理得也非常好，人缘很不错，许多小朋友都喜欢和她一起玩。

一天，邻居家的一个小女孩婷婷拿着一本英语书哭丧着脸来到甜甜家，请甜甜教她英语。原来，婷婷的爸爸要求她每学完一节英语课后，必须熟读并弄懂每个单词及句子意思，不会的问同学和老师，绝不允许打“马虎眼”混过去。她答应得好，可实际上她并不会做，学过的课文还有很多不懂的地方。爸爸检查后，限其在傍晚前必须将不会的地方弄懂。她慌了，急忙来请教甜甜。

其实，甜甜的英语也不太好，面露为难之情。在旁的妈妈立即鼓励：“甜甜，你就帮助一下婷婷吧，不会读的地方可打开复读机来听呀，不懂的句子就翻开笔记来看呀，还可根据单词的意思来翻译呢。”在妈妈的鼓励和提醒下，甜甜答应了婷婷的要求，当起“老师”来。“重担”在肩，甜甜既打开复读机，又翻开笔记本，半天下来，终于替婷婷“解了围”。

第二天，婷婷笑嘻嘻地来到甜甜家，说是特意来感谢甜甜的。原来，昨晚她爸爸再次问及那些不懂的地方时，她全部能正确回答，爸爸表扬了她。看得出，甜甜内心充满着成就感。

甜甜在妈妈的提示下帮助小伙伴解决了难题，懂得了如何才能在与人相处之时，做个有心人。父母要引导孩子善于体察别人的心境，采取不同方式，使别人感到她的善意与温暖，这样才能很好地与人和睦相处。

这样培养最有效

孩子的交往能力是其心理发展的重要方面，也是她能否适应复杂社会环境的重要手段。因此，父母要让孩子学会处理人际关系，具体可参照以下几方面去做：

1. 培养孩子积极的交往态度

父母要给予孩子一个充满爱的温暖家庭，经常和孩子一块游戏、娱乐。孩子生活在这种家庭中，从小就会树立起一种喜欢与人交往的态度。

2. 创造平等的交往氛围

家庭中的大事，孩子可以知道的应该让她知道，适当地让孩子参与进去。家庭中涉及孩子的问题，应该多听听孩子的意见，这样有助于锻炼孩子的语言交际能力。

3. 告诉孩子一些沟通的基本技巧

告诉孩子，说话要注意场合，对与自己年龄、身份不同的人说话的语气、措辞是不一样的。在向别人传递信息的时候，一定要把自己的意思说明白。只有交谈双方对问题概念明确一致，自己的观点才会被对方领会、接受，避免造成误解。

教育箴言

良好的人际关系，有时可以决定一个人的生存质量乃至命运的走向。父母要从小培养孩子与人为善的心态，让孩子学会与人分享，学会去关心别人，学会主动与人交往。

057 朋友能让孩子拥有更多

“千里难寻是朋友，朋友多了路好走。”朋友是交往人群中最重要的部分，对孩子的心理发展有着重要的意义。教育专家认为，让孩子多交一个朋友，就等于帮助她多打开一扇窗口，使其视野开阔、心胸宽广。

对女孩来说，被同伴排斥或不能融入集体不仅仅是一段痛苦的经历，还意味着女孩将在孤独和寂寞中迷失发展的方向。

小玉是一个性格温顺内向、成绩优异的好孩子，可她在学校里却总喜欢一个人独来独往，几乎没有什么朋友。

原来小玉的这种情况与她的父母有着极大的原因。在小玉还很小的时候，父母嫌外面空气污染严重，很少抱孩子出门玩。再往后抱着小玉出门的时候，妈妈也不太愿意让别人碰孩子，一怕孩子沾染上细菌，二怕孩子以后没有警惕性，被陌生人拐跑。这样做的结果就是小玉见到陌生人常被吓得哇哇大哭。

父母的做法使小玉从小就养成喜欢自己一个人玩的习惯，平时总喜欢自己呆在家里玩，很少出去。虽然偶尔也愿意跟小朋友一起玩，但玩一会儿很快就吵翻了。上学以后，小玉对周围的环境极不适应,总是一个人坐在角落发呆,不爱参加集体游戏。小朋友们也觉得她是个“怪人”,不愿与她亲近。父母原本认为，随着年龄的增长，孩子会慢慢学会与他人交往，但现在小玉虽然都上四年级了，依然没有改正一个人独来独往的习惯，没有要好的朋友，也很少与同学交往。

很显然，因为小玉的父母从小没有让小玉经常接触小伙伴儿，所以小玉慢慢地就将自己封闭了起来。她的孤僻内向也使得她的同学无法与她沟通，而这种性格一旦形成，将对孩子的成长极其不利。没有了朋友的帮助、友谊的滋润，孩子将变得很迟钝、漠然。父母只有从小教会孩子与朋友相处，才能对孩子的健康成长有帮助，因为朋友的作用是无穷大的。

这样培养最有效

交朋友还可以锻炼孩子的社会交往能力。孩子在和朋友一起合作、做游戏时，可以逐步学会与他人和睦相处，还可以学到他人的长处，培养自主能力和自信品质。因此，父母应该培养孩子的人际交往能力，鼓励孩子多结交好朋友。

那么，父母应当如何培养孩子交朋友的能力呢？

1. 鼓励孩子多结交朋友

结交朋友是一个人心理健康的重要标志。大多数孩子在童年时代都会找到几个帮助自己理解生活、共享欢乐、分担痛苦的伙伴。事实证明，交往有利于发展思维能力。所以，父母应该多鼓励支持孩子交友。

2. 为孩子创造交往机会

心理学家托马斯·伯恩特指出：一个孩子只有经常和朋友们在一起，才能增进友谊。因此，父母要为孩子交友牵线搭桥。例如，可以把别人的孩子请到家里来一起玩，发展到让她和别的孩子一起出去玩。等自己的孩子在和朋友的孩子的交往中产生了愉快体验之后，再扩大交往范围。

3. 多让孩子参加集体活动

父母应该鼓励孩子走出家门，广交朋友，如参加夏令营等各种各样的集体活动，这些都是很好的培训孩子交际能力的场所。孩子在集体活动中，不仅可以结识许多的小伙伴，还可以在了解他人的基础上了解自己，学会用集体交往的规则调整自己的言行，学会尊重他人、信任他人、谅解他人、乐于助人，学会调整集体和个人的关系。

没有朋友的女孩，就像是没有叶片的花瓣，纵然有着娇嫩的颜色和甜美的芳香，也显得孤单落寞，容易凋零。没有朋友的女孩，更容易产生各种不良情绪。因此，父母一定要鼓励孩子多结交朋友，并为孩子创设这样的环境。

058 克服交际中的羞怯

羞怯是一种逃避行为的常见形式，其表现是多种多样的。在日常生活中，我们常常会看到这样的现象：有的孩子在路上碰到熟人因怕羞故意躲避；有的孩子不敢在大庭广众之下讲话，一讲就会脸红舌硬。上述情况在心理学上称为羞怯心理。

孩子表现自己是自我发展的需要。生活中，我们常听到父母抱怨："我家的孩子胆子太小了，明明觉得很好，就是不敢在众人面前表现。"

小静是一个性格比较内向的孩子，现在上小学三年级了。平时在家倒是很活泼开朗，爱笑爱逗的很是可爱。可是只要出了家门，有时候叫她和邻居阿姨打个招呼都不好意思，而且她特别不喜欢出门。尤其是在学校，就像变了一个人似的。

小静每天上学从来不迟到，也没有早退过，成绩也很优异。可是，她在学校里总是很少和其他同学一块玩，常常独自坐在一边，看着其他同学在操场上跳皮筋、玩游戏，很少参与其中。学校举行的各种大小比赛、活动，她也从不报名参加，好像一切都与她没有关系。

星期天，父母带小静去英语培训班学习。当初是她要求去学的，她说喜欢学英语。可是，在课堂上，她却不够积极，虽然能跟着老师的节奏走，但是举手之类仍是不积极主动。老师也不提问她，她只有在全体接龙回答的时候才有机会发言，而且发言的时候也不自然，声音也放不开。下课的时候，妈妈向老师提了意见，希望孩子们机会均等，不要只是给胆大的孩子机会很多，表现差的机会就很少，学习不只是为了几个单词去的，也是希望孩子得到锻炼的机会。可是老师说，不是没有给小静机会，只是叫她回答问题的时候，她却总是沉默。

像小静这样羞怯的女孩都伴有学习成绩差，不主动发言，不与他人交往，不愿与同龄的孩子在一起玩耍，不愿在公开的场合抛头露面，什么事情都要父母陪伴，怕见生人，有陌生人在面前就不知如何应对等行为，这种羞怯的行为严重地影响了孩子正常的人际交往。

姗姗是个天真活泼的孩子，她特别喜欢和别人交朋友。不管父母把她带到哪儿，她都能很快地找到新朋友，并且很快地和新朋友相处得很融洽。这让她的父母很欣慰。

这天，妈妈领姗姗到体育场去玩，她很快就发现旁边也有一个女孩在与妈妈玩耍，她马上跟那个孩子打了个招呼，那个小孩子非常羞怯，躲在了妈妈背后。姗姗跟那个女孩说："你知道吗？我昨天来这里的时候，看到了一个非常漂亮的小星星，你想看吗?"

那个女孩非常好奇，就探出了小脑袋，可是她仍然不敢和姗姗接近，那位妈妈也充满怀疑地看着姗姗。姗姗又发出了邀请，那个小女孩还是不敢出来，她的妈妈鼓励她与姗姗玩。可是，她却死死抓住妈妈的裤子不松手。

姗姗一见如此，就找别的孩子了。不一会儿，她和几个孩子玩在了一起，就好像她们是老朋友了。临走时，姗姗还记下了她们的姓名、学校和联系地址。看到姗姗和她的新朋友们玩得那么开心，那个躲在妈妈身后的孩子伤心地哭起来。

这是两个截然相反的小女孩。姗姗活泼大方，也很受欢迎。另一个孩子却非常羞怯。她不是不想和姗姗玩，只是她无法克服羞怯。

在女孩的青春期，父母要注意到自己曾经活泼可爱的女孩开始变得沉默羞怯的情况。这时候的女孩更加敏感，父母要保护女孩，防止她被消极的自尊打败，鼓励她克服自卑的情绪。

这样培养最有效

要克服孩子的羞怯心理，必须要有耐心，让她们慢慢地改变。充满爱心的父母可以参照以下方法帮助孩子克服羞怯心理：

1. 父母要给孩子一个温暖的家

平等、理解、温馨的家庭环境能给孩子勇气和自信。同时，当孩子从学校里或其他场所受到伤害时，父母应该是她的第一个疗伤医生，在第一时间内把孩子从困境中拉出来，以免孩子越走越远。

2. 父母要给孩子积极的暗示

有些女孩只是比较含蓄内敛，但经过父母在别人面前不断重复“这孩子太害羞”的暗示后，再加上亲戚朋友的不断议论，她就真的变得害羞起来。因此，父母一定要注意，不要在言行上给孩子消极的暗示。

3. 父母要多关怀、鼓励孩子

当孩子的表现欲以某种方式反映出来后，父母要给予理解、关怀和适当的鼓励。即使不能使孩子的表现欲付诸行动，父母也要表示赞赏、支持然后给予解释，绝不能用一两句“你不行”、“就你会瞎胡闹”之类的话语给孩子泼冷水，打击孩子的积极性。

教育箴言

女孩非常容易害羞，这主要是受到一些世俗的暗示，或者遭遇自尊心的创伤引起的。因此，帮助女儿克服羞怯心理，父母就要注意保护孩子的自尊，引导她克服羞怯，大胆交往。

059

乐群好交要靠后天培养

合群作为一种性格特征，具有既能够接受别人，同时也能被人接受的社会适应性特点。一个合群的女孩必然是快乐的，也是能够健康成长的。如果女孩在成长的过程中，总是无法和别的小朋友合群，那么也会影响她的情感智商。最终，她不是形成了孤僻的性格，就是自以为是，自欺欺人。

豆豆聪明伶俐，上小学低年级时成绩遥遥领先。可是，老师总说她不合群，班上的小朋友谁都不乐意与她玩。

妈妈感到十分不安。怎样才能使孩子合群呢？偶尔与朋友谈及此事，友人说这样挺好，孩子便不会因为玩而误了学习。从此，妈妈便对孩子说："你好好学习，成绩好的学生老师喜欢，家长喜爱，小朋友也会乐意与你玩的。"豆豆确实听话，经过她的努力，期末考试全年级600多人，她名列第一。可是，豆豆这时却噙着泪水责问妈妈："妈妈，我考第一，为什么同学们还是不与我做游戏呢？"妈妈哑然了。

是的，妈妈没有对症下药，给孩子幼小的心灵开了一个错误的处方。妈妈感到十分内疚。从那满眼质问的泪水中，妈妈看到了女儿内心深处渴望与同龄伙伴一起嬉戏、玩耍的迫切要求。人际交往是人生存的基本能力，慢慢地，妈妈开始认识到要使孩子合群，只有多与小朋友一起玩，通过她自己的实践，才能建立良好的伙伴关系。因此，妈妈开始有意识地请小朋友到她家做客，提供玩具与零食，想让小朋友开心地玩耍。可是又出现了另一番情景：每当玩具玩厌了、零食吃够了，孩子们一哄而走的时候，豆豆就会紧把着门，哭泣着说："你们吃了我的东西，不准走，要跟我一起玩。"面对此情此景，妈妈十分难过，只得不住地安慰女儿。

作为妈妈，究竟怎样才能帮助女儿闯过这一情感难关呢？回顾豆豆成长的过程，从小到大，家中四个大人无时无刻不围着她转，为她服务，大大小小的事都听她指挥，以致豆豆形成了强烈的自我中心的意识。可小朋友们谁肯听命于她呢？

听取他人的意见、缺少合作意识，要合群必须要改变以我为中心的心态。于是，妈妈试着采用“放”的办法，每当周末督促孩子做完作业后，就带她找人玩。让她与小朋友玩自己喜爱的游戏，让孩子们了解游戏规则，帮助女儿放下“小公主”的架子，学会听取小朋友的意见，分清是非。趁孩子们玩得开心的时候，妈妈借故走开，让女儿自己去调解伙伴间的纠纷。游戏结束回家的时候，妈妈便询问豆豆是否玩得开心，了解她们游戏的情况，肯定她的正确做法，指出她的不当行为，并调动她下次再玩的欲望。及时告诉她，要建立良好的伙伴关系，还应该主动与人打招呼，见到小朋友问声好。这既是对人应有的礼貌，也是联络感情的一种方式。如果同学做错了什么，要学会谅解。同学有困难，要乐于帮助。豆豆快要过生日的前几周，妈妈对她讲：“你在班上有好朋友吗？你过生日能请他们来玩吗？”渐渐地，豆豆学会了与同龄伙伴交往，学会了在交往过程中调控自己的情绪。放学后，她总是在同学家做完作业，再玩一阵子游戏方肯回家。

不合群的孩子无法与别人建立和谐的人际关系，几乎没有知心朋友。豆豆妈妈在实践中不断地摸索，寻找到了适合孩子的方法，使孩子从不合群变得合群，拓宽了孩子的交际范围，也使孩子在与人相处时收获了尊敬、信任、喜悦。

这样培养最有效

合群的孩子乐意与人交往，她不会封闭自己，并善解人意，能够热情友好地对待他人。父母要培养孩子的合群能力，具体可以这样做：

1. 鼓励孩子走出家门，多与同伴交往

著名教育家刘绍禹先生提出的教育原则是：家人不要太亲近儿童，儿童应该与年龄相同的儿童生活，然后才能学到与人相处之道。儿童总是与家人在一起，就会产生依赖式的自卑心理，将来步入社会就会感到很难适应。

父母要鼓励孩子走出家门多与同伴交往，在交往中获得丰富的社会交往经验，得到社会生活的训练，培养社交能力。

2. 父母要教育孩子尊重别人

父母要教育孩子对邻居、客人要热情、谦虚、礼貌，逐渐养成尊重别人、爱护别人的良好品德。同时，父母也要尊重孩子，切忌随意训斥打骂孩子，要让孩子在互敬互爱的家庭气氛中形成合群的性格。

3. 有意识地教给孩子一些社交技能

孩子在交往过程中都有自己比较要好的朋友。父母要教育孩子严于律己、宽以待人，朋友之间要互相信赖、彼此尊重。

乐群好交是孩子的天性。孩子的离群独处往往不是其本性，而是由于父母的教育方式所致，因为“狭隘的环境导致狭隘的精神”。

060 乐于分享让孩子更快乐

让孩子从小学会与人分享，对于她的人格成长非常关键。现在，由于家庭结构的日益“核心”化，大多数家庭只有父母和一个孩子。独生子女在家庭中往往是父母、祖辈、亲友等照顾、抚爱的集中对象。因此，“分享”对于她们来说比较困难，孩子不懂得分享的现象非常普通。

星期天，京京家里来了一位小客人莹莹，刚巧京京妈妈带着京京出去买东西了。莹莹没有玩伴，京京的爸爸只好拿出京京的一些玩具来招待这位小客人。过了一会儿，妈妈带着京京回家了。

京京一进门，看见自己喜爱的小洋绒娃娃在莹莹的手上拿着，就非常生气，冲过去想抢过来："这是我的，你不可以玩我的东西。"妈妈见此情景，赶紧拉住京京的小手好言相劝："京京，你应该跟小朋友分享自己的玩具，不可以这么小气。"说着又从房间里拿出另一个娃娃给她，但被京京狂怒地打掉在地上，哭叫着说非要刚才那个小洋绒娃娃。面对京京如此小气的行为，妈妈终于失去耐心，把她打了一顿。

很多孩子不但对小朋友不懂得分享，甚至于对自己的父母亲人，同样表现得很自私。

一个炎热的盛夏，小寒闹着要吃西瓜。妈妈在街上转了很长时间，终于买回一个大西瓜。切开西瓜时，她情不自禁地先尝了一口，立即听到一声严厉刺耳的童音："谁让你吃的？给我吐出来！"妈妈愣在那儿，两行热泪止不住流了下来。随即又听到孩子说："算了，算了，下次不许这样！"可能良心未泯，小寒总算"原谅"妈妈的"过失"了。

碰到像京京、小寒这样的行为，父母可能会很尴尬，并且很心酸，觉得孩子很冷漠，不懂得与人分享。孩子这种只考虑自己利益的行为发展下去，将很难在社会上立足。所以，父母应该帮助孩子学会分享。

这样培养最有效

与人分享不是自发的。小孩子不肯与人分享是很自然的，而且很多孩子常常认为凡是她能够得到的东西都是属于她自己的。父母要帮助孩子学会分享，可以从以下几个方面去做：

1. 要让孩子明白分享的意义

要让孩子知道，一份快乐与别人分享就会多出一份快乐。而愿意与人分享的孩子更加容易受到大家的欢迎，孩子就会感到轻松快乐，而不懂得分享的人不善于关心别人，也不会得到大家的关心。

2. 帮助孩子克服自我中心

孩子思考的方式都是从自己出发，父母要帮助孩子多区分一下，哪些是自己的想法，哪些是别人的想法，自己的想法会与别人的想法不一样，自己想做的事，别人可能不想做等等。帮助孩子分清自己和别人，帮助孩子了解每个人的想法都会不一样，不能强迫别人和自己玩。孩子只有了解自己和别人的区别，克服“自我中心”，才能在与小朋友的交往中少一些矛盾，多一点和谐，获得与人分享的快乐。

3. 父母要学会分享孩子的东西

很多父母宁可自己受苦也不愿意让孩子吃苦，好吃的、好玩的、好用的尽量往孩子面前堆。虽然也担心孩子会因此变得自私，但在行为上却不会与孩子分享。孩子诚心诚意地请父母一块吃东西，父母却坚持不吃，还说：“让你吃，你就吃，装什么样子？”这样，孩子与人分享的好意给扼杀了。久而久之，孩子就没有了与人分享的好习惯了。所以，父母要首先学会坦然地与孩子分享，成为与孩子分享的伙伴。

4. 要对孩子的分享表现加以表扬

在分享的问题上，只要孩子有一点表现，父母就要加以表扬，一次小小的进步就大力表扬，让孩子喜悦地发现原来自己的行为可以让父母如此快乐。这样孩子下次遇到同样情况时，会很容易回想起父母上次的反应，也会逐渐修正自己的不良行为。

一个年轻时只顾自己的人，将会是一个非常吝啬的人，老来便是一个无可救药的守财奴。

061
有合作精神才有竞争力

有这样一个故事。

一个人有机会到天堂和地狱去参观，他发现一个奇怪的现象：天堂和地狱里的人都坐在同样的桌子旁，用着同样的餐具，喝着同样的汤汁。但是，天堂里的人个个心情舒畅、精神百倍，而地狱里的人却面容憔悴、精神委靡。

这是为什么呢？后来他才发现，天堂和地狱里的人喝汤的餐具都是两米长的勺子。地狱里的人用勺子舀满了汤给自己喝，而由于勺柄太长，他们怎么也喝不到勺子里的汤。而天堂里的人呢，他们舀起汤不是给自己吃，而是给别人吃，这样，每个人都乐于把自己勺子里的汤给别人喝，每个人都喝得有滋有味。

原来，天堂与地狱之间的差别就在于人与人之间是不是合作。天堂里的人个个愿意与他人合作，生活过得非常美好；而地狱里的人，个个都非常自私，不愿意与他人合作，只想到自己，结果过得非常凄惨。

这个故事告诉我们，如果一个人不能与人真诚合作，他就不可能成功。合作不是一般意义上的人际交往，而是为了一个共同的目标结成的互助互利的双赢关系。合作的力量总是大于每个部分的总和。

可惜的是，现在很多孩子的合作精神非常差。尤其现在的很多女孩都存在这样的通病，任性、脾气大、与人合作能力差，但是“独木难成林”，现代社会在要求人们进行激烈竞争的同时，又需要人们进行广泛的多方面的合作。父母从孩子懂事时起，就应当有意识地培养孩子与他人合作的精神和能力。

维维的性格有些像爸爸，不是很活泼，平时不太愿意跟别人交流，就算是玩大部分时间也是一个人。面对这种情况，妈妈跟维维的班主任沟通了一下，老师答应妈妈好好给维维上一课，好让维维明白与人合作的重要性，并且力邀妈妈去听讲。

这天，妈妈应邀来到学校，悄悄地坐在教室后面。

上课后，老师特意把维维请上讲台，让她伸出自己的手，分别谈一下每根手指的优势和长处。维维说道："大拇指可以用来赞扬别人，食指可以用来指示事物，小指可以用来勾东西，中指可以……"不等维维把话说完，台下的学生纷纷帮她说了许多每个手指的其他优势。

这时，老师笑眯眯地拿出一只玻璃杯，只见玻璃杯里面有几个玻璃球。老师对大家说："现在，请你们把玻璃球从玻璃杯里取出来，每个同学都有一次机会。你们可以用你们认为最有本事的那个手指把玻璃球从杯子里取出来！记住，只能用一个手指。"

孩子们的热情被老师鼓舞起来了，教室里的气氛非常热烈。每个同学都认真地走上去，用他们的手指去取玻璃球，但是，不管他们怎么努力，玻璃球就是取不出来。孩子们个个很着急。

这时，老师再次对孩子们说："好了，你们可以邀请另外一个手指与原来那个手指合作，一起来取玻璃球。"这次，孩子们都成功地把玻璃球取了出来。

活动做完了，老师对孩子们说："现在你们应该明白了，一个人无论有多大的才能，他总有无法独立完成的事情，人与人的合作是多么的重要。"

维维妈妈想，从这以后，维维一定能体会到与人合作的重要性了。

维维的老师通过一个好玩的游戏，教会了学生们合作的重要性，如果用一根手指，根本无法完成任务，而如果用两根手指配合，就可以很轻松地把玻璃球取出来。因为互相合作的力量往往是非常强大的。

这样培养最有效

女孩通常敏感、爱忌妒，这些性格不利于合作精神的培养。因此，就需要父母更加用心地让孩子体会到合作的重要性，从而善于与人合作。具体可从以下几方面去做：

1. 让女儿懂得与人合作的重要性

在日常生活中，有很多事情必须要两个或两个以上的人合作才能完成，只凭一个人的力量是无法做到的。父母可以利用这种机会让孩子体验一下个人无法完成的挫折感，从而懂得与人合作的重要性。

2. 让孩子学会寻找合适的合作伙伴

有一个互相关心、志同道合的合作伙伴，可以说是合作成功的一半。孩童世界中尚无多少涉及根本利益的合作行为，有的不外乎是一块游戏玩耍之类的事。事虽小，然而选择恰当的合作伙伴，捕捉正确的合作时机同样事关合作的成败。因此，孩子在一定的情境中对人的观察和分析便显得十分必要。

3. 让孩子多参加有利于产生合作关系的活动

没有合作的氛围，难以形成合作的习惯。家长可以让孩子从小玩一些诸如共同搭积木、拼图等需要协作的活动，还要鼓励孩子参与如足球、篮球、排球、跳绳等体育活动。这些活动既有团体之间的对抗与竞争，又有团体内部的协调与一致，这就更有利于培养参与者的合作精神。

与人合作的能力已成为当今世界人才的重要素质之一。而一个人在童年时期若未形成良好的道德、习惯和情感。待她长大成人后是很难弥补的。因此，与人合作的能力需及早培养。

062 女孩要注意与异性交往的分寸

青春期对一个人的理想、道德、品格、文化、素质等都有重要影响。无论男孩女孩，都会经历青春期，而孩子到了青春期，异性相吸是很自然的现象，异性交往也就多了起来。

敏敏今年12岁，刚上初一，人长得漂亮，学习成绩也很好，是公认的乖乖女。

有一天妈妈下班回家，却在家门口看见敏敏正和一个男孩有说有笑的，关系好像很亲密，似乎不是一般的同学关系。妈妈当时并没有让女儿难堪，只是笑着和他们打了招呼。不久，男孩便走了。

第二天是星期天，敏敏正在家看书，妈妈便决心和女儿聊聊。妈妈装作无意地问女儿昨天那个男孩是谁，敏敏告诉妈妈说他是学校高中部的一个男孩，比她大3岁，偶尔认识后便老是带着自己玩，当作自己的大哥哥。

后来，敏敏的学校要求学生全部住校。住校回来的第一周放假，敏敏就迫不及待地出去找女同学玩，晚上也没回家吃饭。妈妈怎么也不放心，感觉不正常，于是去找，看见敏敏和她的女同学从饭店出来。看着两个人很忐忑的样子，妈妈猜想她们肯定和别人在一起。便要求女儿告诉她一切，敏敏说是和那个大哥哥等四五个男孩在过生日。

不久，妈妈就在学校了解了那个男孩的情况，却发现那个男孩的空间留言都是写的思念啊、煎熬啊什么的，俨然是相思了，很显然想的是敏敏。这时，妈妈才意识到了问题的严重性，可又不知道该怎么办。

家有少男少女的父母们都和敏敏妈妈一样，最担心的莫过于孩子早恋。在通常情况下，青少年一旦陷入早恋，他们在感情的旋涡中常常身不由己，突然迸发出的情感往往自己都把握不住，常常会酿成冲突，甚至一场危机，父母为此揪心也是很正常的。

如果发现孩子有“早恋”倾向，父母不能粗暴对待，要鼓励孩子做一个意志坚强、目光远大的人，向孩子说明早恋的危害。既要孩子珍视男女同学间的友谊，又要教育孩子把握好与异性朋友交往的尺度，以免产生不必要的麻烦。

其实大多数青春期孩子的异性交往是凭直觉的，父母应该尊重和鼓励，不要硬给孩子扣上“早恋”的帽子，否则容易使孩子和父母造成隔阂，并让孩子产生逆反心理。让我们来看看一位女孩无奈的说法：

我一听“早恋”这词儿就觉得气愤，凭什么我一和男同学打电话就说我们关系不正常啊。我觉得自己已经长大了，有选择生活的自由。而且什么事情该做，什么事情不该做我心里很清楚。我知道爸爸妈妈养育我不容易，可我觉得他们总是把一些问题复杂化，本来没什么的事儿要是叫他们知道了，非闹出点事儿不可。

比如我跟男同学打电话探讨学习的事，就是因为他功课比我好，他能帮助我。还有一个男同学到我家来了几次，也没什么啊？那天，班上开会晚了，我们同路，到我家要走一段挺偏僻的小路，他不放心，就送了送我……后来，班主任让我通知开会，又去了一次……这没什么吧，男女同学之间也有纯洁的友谊啊。

如果说一跟男同学接触就是早恋，那我们有的班主任排座位的时候，还专门让男女同学同桌，岂不是给学生早恋创造条件？我妈妈一见到男生和我有来往，就神秘兮兮的，我觉得真是大可不必。说实话，我们班上的确有好多同学像情侣一样，其中有些人根本就不是那种关系，可是老师家长一折腾，倒让他们站到同一战线上了。

这种例子也有很多，好多孩子都对家长的过分管束非常不满。有的孩子说，为了弄清楚她和某个同学的关系，她母亲“像特务一样”监视她与异性同伴的交往，弄得孩子很难堪。这就需要父母正确对待孩子的异性交往问题。

这样培养最有效

父母要根据不同年龄段孩子的特点，对孩子进行超前教育引导，教孩子把握好和异性交往的分寸。

1. 对于处在朦胧期的孩子，要引导她正视自己的性别角色，在与异性同龄孩子的交往中要大方、诚恳，克服拘束、害羞心理。而与成年异性交往，不宜过分亲昵。

2. 对于处在爱慕期的孩子，要教育孩子尊重异性和自我尊重，注意自身的仪表和文明礼貌，多关心班集体的事情，为集体出力，男女同学坦诚合作。

3. 对于处在初恋期的孩子，父母要教育引导她多参与群体活动，尽量减少与异性同学单独接触的机会，特别是不要跟同一位异性同学过多地单独接触，避免萌发初恋之情，牵扯精力，影响学业和全面发展。

4. 对于处在钟情期的孩子，要教育她全身心投入学习和集体生活，树立高尚的人生目标，做有远大抱负的人。

教育箴言

人生最美好的岁月是青春，只有理智地驾驭情感之舟，才不会迷失在岁月的滩头。我们要教孩子掌握生命之舵，顺利地到达成功的彼岸，让青春的花开得更璀璨，让青春的天空没有阴霾。

063
诚信是好人际的关键

许多孩子都有这样一个缺点，不认真考虑就做出承诺。随后他们就后悔承诺，或者取消承诺，或者“忘掉”承诺。所以，父母要教育孩子做出承诺之前一定要考虑清楚，一旦做出承诺就要信守诺言。

宋庆龄小的时候，一次，妈妈给她讲了“自食其言”的故事：春秋战国时，鲁哀公的身边有一个重臣叫孟武伯，他有一个最大的毛病，就是说话不算数。因此，鲁哀公对他很不满。一天，哀公举行宴会招待群臣，孟武伯和哀公的宠臣郑重也参加这次宴会。孟武伯向来不喜欢郑重，在宴会上借机出郑重的洋相，便问道：“郑先生怎么长得越来越胖了？”哀公听到后，便插嘴道：“一个人常常吃掉自己的诺言，当然会长肥呀！”在座的大臣一听就知道哀公并不是批评郑重，是在暗中指责孟武伯说话不算数。

妈妈的故事是教育她说话要算数，要谨守诺言。对此，小庆龄铭记心间。

一个星期天，爸爸准备带着全家去朋友家做客。孩子们大都穿好了礼服就要出发了，只有宋庆龄仍在钢琴前弹奏着那动听的旋律。

妈妈喊道：“孩子们快走吧，伯伯正等着我们呢！”

听到妈妈的喊声，宋庆龄立即合上琴盖，跑出房间，拉着妈妈的手就走，刚迈出大门，突然又停住了脚步。

“怎么呀？”一旁的爸爸看到庆龄停住了脚步，不解地问道。

“今天我不能去伯伯家了！”庆龄有些着急地说。

“为什么不能去，孩子？”妈妈望着女儿说。

“妈妈，爸爸，我昨天答应小珍，今天她来我家，我教她叠花。”庆龄说。

“我原以为有什么非常重要的事情呢？这好办，以后再教她吧！”爸爸说

完，便拉着庆龄的手就走。

“不行！不行！小珍来了会扑空的，那多不好呀！”庆龄边说边把手从父亲的大手里抽回来。

“那也不要紧呀！回来后你就到小珍家去解释一下，并表示歉意。明天再教她叠花不也可以吗？”妈妈说。

“不！妈妈，您不是常说要信守诺言吗？我答应了别人的事，怎么可以随意改变呢？”宋庆龄不停地摇着头说。

“我明白了，我们的罗莎蒙黛是一个守信用的孩子，不能自食其言是吗？”妈妈望着庆龄笑了笑，接着说：“好吧，那就让我们的罗莎蒙黛留下吧！”

爸爸妈妈放心不下家中的小庆龄，在客人家吃过中午饭，就提前匆匆地回到家中。一进门，爸爸高声喊道：“亲爱的罗莎蒙黛，你的朋友小珍呢？”

宋庆龄回答说：“小珍没有来，可能是她临时有什么急事吧！”

“没有来，那我的小罗莎蒙黛一个人在家该多寂寞呀！”妈妈心疼地对女儿说。

“不，小珍没有来，家中虽然只有我一个人，但是我仍然很快活，因为我信守了诺言。”宋庆龄辩解道。

听了小庆龄的话，宋庆龄的爸爸妈妈满意地点了点头。

为人父母要像宋庆龄的妈妈一样教育孩子对别人要讲信用、负责任，答应别人的事要兑现；如果经过再三努力仍没有做到，应诚恳地说明原因，表示歉意。当孩子诚实守信用时，父母也要及时鼓励孩子。一个言而无信的人，是没有人愿意与她合作的。

这样培养最有效

能信守承诺的人不仅能博得别人的合作，同样会赢得他人的尊敬。所以，作为父母，从小就要教育孩子做出了承诺就要信守承诺。父母可以从以下几个方面去培养孩子：

1. 给孩子做一个榜样，不想做的事情就不要答应去做父母总感到他们不得不答应孩子们，答应虽然好，但是如果你满腹怨言，就会产生相反的结果。要想向孩子表明如何避免被迫做出承诺，首先你自己不能强迫他们做出承诺。

2. 让孩子考虑是否可以答应

教育孩子考虑是否应当答应，凡不应做的事就不要答应，让孩子知道感情用事，讲“义气”同讲信用不是一回事。守时和守信，在很多场合是互相联系的，父母要善于把它们融会贯通，一起训练、培养，使孩子养成良好的守时守信习惯。

3. 父母要鼓励孩子提高认识

如果孩子表现出不守信用的现象，往往是由于孩子的认识不清、把希望当成真的、把幻想看成现实而造成的，家长应该让孩子分清真假，面对现实正在发生的事物，鼓励孩子做有意义的事，逐渐认清现实，减少对现实的夸大。

教育孩子在答应别人之前，要慎重考虑自己有没有能力和把握做到。对不能做到的，就不要轻易答应；对比较有把握做到的，也应留有余地，不要大包大揽。

第九章

80后妈妈培养独立自主的女儿

人的幸福与环境是密切相关的，但如果一个人的幸福完全依赖于环境与他人的关系、工作的成功与否等，这个人注定是不会幸福的。因此，妈妈在女儿幼年时，就应鼓励她逐渐创造出独立的世界，在情感与行为上都能达到独立自主。

064 放手给孩子自主性

人的幸福与环境是密切相关的，但如果一个人的幸福完全依赖于环境与他人的关系、工作的成功与否等，这个人注定是不会幸福的。因此，父母在孩子幼年时就应鼓励她逐渐创造出独立的世界，在情感与行为上都能达到独立。

可在当今的许多家庭中，尤其是女孩，更像是个小公主，过着衣来伸手、饭来张口的日子。日常生活中，女孩原本做起来得心应手的事，如洗衣服、叠被子、整理书包等事，却一点都不会，更别提让她做饭菜、做家务了。

薇薇在上小学一年级的时候，老师要求大家学习整理床铺。清晨起床，薇薇便按照老师教的方法，自己动手叠好了被子。看着她动手叠得并不整齐的被子，妈妈气冲冲地喊着："我说你不会叠，你偏要逞能，看，叠得乱七八糟，像什么样子！走开，让我重新给你叠。"妈妈毫不犹豫地把孩子费了九牛二虎之力才叠好的被子打开，重新叠了起来。薇薇灰溜溜地走到一边。

薇薇有个不太好的习惯，就是做作业时特别慢，每天都要写到晚上10点才能完成，写完时往往已困得哈欠连连。妈妈看了非常心疼，薇薇刚放下笔，妈妈便要她快快上床睡觉。起初，薇薇还不乐意，偏偏固执地要先收拾书包文具，可都被妈妈挡住了。

妈妈没有想到，自己的这些行为，却给薇薇留下了极坏的影响。从那以后，薇薇不愿再"逞能"，不愿再尝试着自己做事情。

后来，妈妈也意识到自己这样做是错误的，便对女儿说："薇薇啊，你现在已经长大了，应该自己的事自己做了，比如收拾书包文具、玩具，整理房间等。"开始薇薇答应得好好的，可是，做的时候很不情愿，甚至不做，或者做了也是丢三落四的。

造成薇薇不愿意做事及做事丢三落四的原因，说到底，都是因为薇薇妈妈长期包办代替本应由薇薇做的事而造成的。父母害怕自己的宝贝在劳动的过程中累着了、磕着了、碰着了，不给孩子动手的机会，这样培养出来的孩子，很容易成为一个没有动手能力的书呆子。为了不让孩子产生依赖性，父母应该对孩子放开手，多给孩子一些自我锻炼的机会。

放暑假了，爸爸问佳佳有什么打算，佳佳说她想去学游泳和做菜。爸爸听了后说："学游泳好，能锻炼身体，做菜嘛，就算了，一来脏，二来你不够细心，干不了这细活。"佳佳听了这话反驳道："干了才知道呀，你们总得给我一个机会吧？"爸爸想了想，便对她说："孩子，你说得对，不管能不能学好，我们总得给你一个实践的机会。"

于是，整个暑假期间，佳佳每天早上写完两个小时的作业后，中午就在家准备午饭，吃完午饭后去学游泳。通常妈妈还会给佳佳留几元钱，佳佳喜欢吃什么菜就自己去买，之后洗干净，等爸爸妈妈回家后，就给女儿讲每种菜不同的切法和炒法。没多久，佳佳居然能烧出一手不错的菜了。

由佳佳的例子可以看出，并不是孩子不会做，而是缺少一个学的机会。所以，父母不应该把孩子看扁了，而应该放手让孩子去做。只有经常让孩子去做一些力所能及的事情，才会使她成长得更快！

这样培养最有效

为了锻炼孩子的独立性，父母可以逐渐通过下面一些方法培养孩子：

1. 尽量让孩子自己做自己的事情

孩子在年龄稍大点之后，大多都有独立做事情的愿望，如自己洗衣、做饭、打扫卫生。而由于没有经验，想做好反而做成了一桩坏事。这时父母往往会心生厌烦，有的甚至会大声训斥"不会做就不要做"。这样无形中限制了孩子动手的机会，而难以让孩子体会到依靠自己的双手取得成功的喜悦。面对这种情况，要尽力坚持。也许第一次、第二次会失败，但总有一天。孩子会做得很好，让父母彻底放心。

2. 遇到困难自己解决

每一个人出生之后都会遇到各种各样的困难和挑战。父母不要在孩子一遇到困难时就迫不及待地去帮助。比如，孩子摔倒了，马上跑过去把孩子扶起来。这样做只会让孩子感到自己无能、感到自卑，从而失去探索世界的勇气。

因此，父母要培养孩子的自我意识，给她一些成长的空间，多鼓励她去独立完成事情，即使失败了，也要多给予她鼓励。这样，她会逐渐形成自己的意向，做出自己的决定。

3. 把孩子当成大人来对待

随着孩子的不断长大，孩子很快进入了人生大改变的时代，到了生理变化、思想变化的“临界点”。这时，父母不应再扮演强大保护者的角色，而应成为友好的陪伴者。父母有时也可以听从孩子的意见，像对待成人那样和孩子平等协商地解决矛盾。随着孩子的成长，父母要学会平等地与孩子交流。

教育箴言

父母应充分尊重孩子，把孩子看作是独立的生命个体，让孩子充分体验独立的感觉。只有这样，孩子的自尊心和自信心才会得到充分的发展，才会成为一个有独立意识的人。

065 让孩子自己作出明智的选择

当孩子开始意识到自己的存在时，会强烈地要求自主，什么都想自己去做。这种独立性的要求是合理的、积极的，是她生理和心理发育的必然要求。

可是，很多父母常常低估孩子的能力，但在有的方面他们却又对孩子抱过高的期望，这等于把他们的高要求强加于孩子的头上，使孩子更不敢自己作决定。比如，父母经常会强行要求孩子吃父母认为最具营养的食物，而不允许孩子根据自己的兴趣选择自己的所喜欢的食物。

小安娜和父母到餐厅用餐，服务生先问母亲要点什么，母亲点完菜后，轮到父亲点菜。之后，服务生问坐在一边的小安娜："亲爱的，你要点什么呢?"

小安娜不确定地看了看服务生，服务生微笑着看着她，仿佛在鼓励她说出自己的想法，于是，小安娜怯生生地说："我想要热狗。"

话音刚落，母亲就非常坚决地说："不可以，今天你要吃牛肉三明治。我已经为你点好了。"父亲在一旁补充道："再给她一点生菜。"

这位服务生没有理会父母的提示，他目不转睛地注视着小安娜问："亲爱的，热狗上要放什么?"

"哦，一点儿番茄酱和黄酱，还要……"小安娜停下来怯怯地看一眼父母，她可从来没有自己作过决定。然而，她看到了服务生信任的微笑，他在耐心等着她的回答。小安娜最后坚定地说："还要一点儿炸土豆条。"

"好，谢谢。"服务生转身径直走进厨房，留下两位半张着口，吃惊不已的父母。要知道，他们从来没有听过女儿如此坚定的回答。

小安娜在服务生的鼓励下，树立了信心，也让父母听到了自己坚定的回答。这个故事告诉我们，父母注意倾听和尊重孩子们，并且放手让孩子自己作决定，就能形成孩子独立的精神和自信、勇敢、沉着等好品格。所以，为人父母，一定要给孩子自己事情自己做主的权利。

茜茜是个乖巧的孩子，由于父母工作太忙了，便让她跟着爷爷奶奶一起生活。奶奶每天接送茜茜时，都会把茜茜的吃穿安排好，就连喝牛奶插吸管这样的事，奶奶也不让孙女儿做，总是为茜茜做好。

于是，每天早晨茜茜去幼儿园后，从不主动去玩玩具或进行户外活动，而是四处游荡，非要等老师指定她去玩什么，她才去；每当老师请她进行选择时，茜茜便犹豫不决，事事都要由别人作决定。

发现茜茜的这种情况后，爸爸妈妈便决定把她接回身边自己照顾。从那天开始，爸爸妈妈既不干涉茜茜做什么，也不催促她做什么。当茜茜特别想要自己脱衣服或者穿衣服时，爸爸妈妈就放手让她自己去做；茜茜洗澡时，爸爸妈妈尽量让她有充足的时间在澡盆里玩耍；吃饭时，让茜茜自己吃，而且不催促她，吃饱以后就不让她留在饭桌旁了等等，爸爸妈妈尽量把一切茜茜自己的事情都交给茜茜自己决定。

经过爸爸妈妈半年多的“自主”教育，现在，茜茜已经是个独立自主的孩子了，她有自己的眼光、自己的思维、自己的感受、自己的判断，不再是绝对听话，叫她干什么就干什么的“小木偶”了。

茜茜的故事告诉我们，父母不能一辈子都牵着孩子的手。如果父母经常包办孩子的一切，就会使孩子丧失宝贵的独立意识，为以后的发展埋下障碍。只有自己的事情自己做主的孩子，才能在未来的生活中收获自强自立。

这样培养最有效

父母要有意识避免过分保护，给孩子机会，让她独立决定自己的事情，并支持和引导孩子做出正确的决定，这对于培养孩子的独立性至关重要。那么，父母具体应该从哪些方面培养孩子的自主能力呢?

1. 尊重孩子的自我意识

自我意识强的孩子，往往喜欢独自钻研、探索。而对父母的一些强制性做法，却表现出极强的反抗，不愿意按照大人的旨意去做事。如果父母事事都强制孩子按大人的意愿去做，就会压制孩子的主观能动性，从而导致孩子胆小怕事，不善于创新，当然更无法自强自立。

2. 自己的事情自己做

在家里，孩子能够做的事要她自己去干，如穿衣、洗碗、打扫卫生等，不要什么事都由父母代劳，让女孩做“小公主”。在学校，除了学习好外，还要让孩子多参加集体活动，学会去帮助他人。

3. 让孩子在实践中增加自信心

有的孩子对自己缺乏自信心，懦弱、胆小，父母可以每天给孩子一些自由支配的时间，让她自己作决定，自由地与小伙伴玩耍，自己取放玩具，做一些力所能及的劳动。

对于孩子，父母要注意倾听和尊重她们的意见，并且放手，让孩子自己作决定。只有这样，才能形成孩子独立的精神和自信、勇敢、沉着等好品格。

作为父母，需要做的，并不是确定孩子需要做什么，而是给予孩子参考意见，把最后选择的权利交给孩子。

066 从小就要有理财的理念

在许多父母的眼里，理财是大人的事，孩子会不会理财，无关紧要。他们认为，孩子小的时候，没有经济收入，也没有理财渠道，让孩子学会理财有点不切实际。其实，教孩子学会理财，并不需要他们拥有多少财富，也不需要为他们开拓理财渠道。最重要的是告诉孩子，理财是生活的需要。

尤其是女孩，将来长大后不但要为自己的事业进行打拼，还有可能要操持家务，管理一个家庭的收支。所以，从小教女孩学会理财，做一个优秀的理财小行家，具有重要的现实意义。

有段时间，晴晴迷上了CD碟，每逢双休日都要买七八张。为了培养女儿的理财意识，减少女儿不合理的消费，晴晴的妈妈在银行开了个“卡折合一”

的账户，每月给女儿一定数额的“可支配资金”，让她有消费的自主权，并建账管理，订立了“财务制度”，超支要“扣税”，结余有奖励。这样，除了学习用品和体育锻炼用品外，其他的开支基本上由晴晴自理。这样就使晴晴觉得每扣一分钱的税都是从自己口袋里掏的，花钱也变得节约了许多。在挑选CD碟的时候，就更加用心了，买回来的碟，品位自然越来越高。

可见，告诉孩子学会理财，不仅可以使孩子在生活中变得更加理智，而且还可以控制孩子的胡乱消费。晴晴的妈妈为了让女儿从小养成良好的理财习惯，并没有对孩子灌输长篇大论的道理，而是通过有效的方法对其加以控制，使晴晴自觉地合理安排自己的收支，从中既学会了理财，也减少了浪费。

这样培养最有效

在当代社会里，教给孩子一些科学的理财方法是每位父母不可推卸的义务。作为父母，在生活中，不应只满足于孩子对金钱的了解认识，还要通过实践来培养孩子的理财意识。

比如，在给孩子购买衣服或学习用品时，可以告诉孩子父母所能承担的支出数额。然后，帮助孩子列出生活所需或学习用品的清单，对这些物品的价格做出预估并与自己可以支配的资金进行比较。如果预算超支，可让孩子自己决定裁减，若孩子不愿裁减，便只能拿出他自己的储蓄。这样做，可以使孩子学习父母是如何合理安排支出的，从而学会有节制地花钱，理智地消费。

为了使孩子从小就养成善于理财的好习惯，作为父母，可以通过以下几点进行培养：

1. 从小懂得节约

每个家长都应该意识到，在未来的社会，孩子是否能够养成理财的习惯对其成长和成功尤为重要。从小处说，是让孩子懂得节约，养成不乱花钱的习惯，从大处说，将有利于孩子及早具备独立的生活能力，使其在快速发展的时代具有可靠的立身之本。

2. 鼓励孩子进行储蓄

无论孩子年龄多大，也无论父母的经济条件如何宽裕，给孩子的零花钱一定要有所节制，把数额控制在合理的范围之内。另外，父母还要鼓励孩子学会储蓄。这样，孩子就会精打细算，尽量使自己的零花钱有剩余。

3. 有计划地花钱

父母在给孩子零花钱的时候，可以提出一个支出原则，让孩子自己去制订计划，父母不要直接干预，但要对孩子的计划进行监督、检查。这样，孩子在日常生活中才能养成好习惯，懂得预算，懂得把钱花在刀刃上。

拥有优秀的理财能力，是女孩长大后得以幸福生活的必备技能。让她从小就懂得理财的重要性，明白钱在生活中的分量，从而以一种合理的方式来引导孩子理智地消费，让每个孩子都能成为优秀的理财小行家。

067 孩子的成长需要自由空间

让孩子学会独立，就是要给孩子独立自由的时间和空间，不要整天把孩子圈在家里。很多父母反映孩子的生活自理能力差，过分依赖父母，不少孩子上高中了还没有洗过衣服。缺乏独立性对孩子的成长是极为不利的，父母应从小注意培养孩子的独立性。

缪茵，是一位旅美的少年钢琴家，1985年年底出生于中国湖南省长沙市，4岁开始学习钢琴，6岁随母亲到美国。从6岁起，连续7年7次获得各类国际钢琴

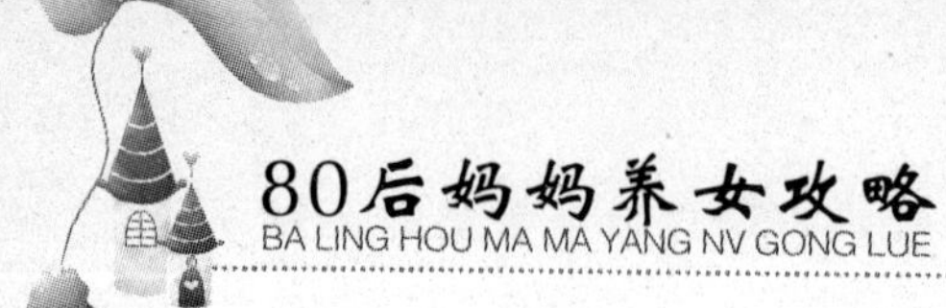

比赛冠军和首奖。另外，缪茵从1997～1999年的3年间，创下美国钢琴艺术表演历史上华裔钢琴家以最小年龄，在最短时间内，连续荣登世界著名的美国三大音乐圣殿，即美国纽约卡内基音乐厅、纽约林肯艺术中心、首都华盛顿肯尼迪艺术表演中心，成功演奏钢琴音乐会的纪录，轰动美国主流社会、主流新闻媒体和钢琴音乐界。

缪茵7岁登台表演，9岁举行个人钢琴独奏公演，并从此开始职业钢琴演奏生涯。她已经被许多世界第一流的交响乐团特邀合作演出，包括美国纽约室内专业交响乐团。芝加哥交响乐团、俄罗斯国家交响乐团、捷克国家交响乐团、中国北京交响乐团等。她已经在许多世界顶尖级音乐圣殿进行钢琴独奏或协奏演出，她的演出足迹遍布北美洲、南美洲、欧洲和亚洲，被誉为“钢琴神童”、“天才”。

在缪茵上三年级之前，早上都是妈妈周传鸿给她穿衣、梳头、喂饭。到了三年级时，就要求她自己一个人做，什么也不管。上学也是一个人去。小缪茵一开始极不适应，在上学的路上一边哭一边走，有时出门还忘了穿鞋，而周传鸿却不为所动，决意培养缪茵独立的品格。在母女俩回国探亲的时候，周传鸿的姐姐看到小外甥女儿这样懂事，直说妹妹命好，有个乖女儿，因为她自己的孩子常常顶撞父母，而且非常凶。周传鸿却不以为然，说：“并不是孩子天生会这样，而是教育上没注意。”她说，自己给缪茵洗头发，女儿总要说“谢谢”；让她端水，女儿会说“请”。因为她明白妈妈为她提供的服务从来不是应该的、理所当然的，而是妈妈的责任。

父母在孩子遇到困难的时候，要给予帮助和引导，这是培养孩子独立性的一个正确途径。父母的帮助，一是给孩子以信心，二是教孩子以方法，扶她走上独立之路。

有许多依靠父母的孩子，同样存有战胜脆弱的信念，这是超乎父母想象的。所以，父母应避免过度保护，只有这样，才能培养独立自主的孩子。

这样培养最有效

父母要明确，他们的职责就是要让孩子接受自己作为一个人的价值，让孩子感受到父母对她的爱和尊重，具体可从如下几个方面去做：

1. 家庭事情与孩子共同商定

父母在繁忙的工作、家务中，应挤出时间陪孩子听故事、打球、做游戏、放风筝等。在处理家政，尤其是有关她的事情时，父母应与孩子讨论，征求孩子的意见，或直接由孩子决定。鼓励孩子为家里做一些力所能及的事情，如扫地、叠衣服、摘菜、取牛奶、送奶瓶、倒垃圾、盛饭等。只有从一点一滴的小事做起，才能养成独立的行为习惯，才能在长大之后，独立自主地生活、工作，成为合格的社会成员。有关孩子和家庭的一些事情，要和孩子共同商定，而不是一切等着父母安排。让孩子逐渐养成自己的事自己做的习惯。

2. 让孩子自主处理自己的事

孩子都渴望能像父母那样，处理自己的事务，管理好自己。因此，采取民主的家庭气氛有利于孩子独立性的培养。当孩子按自己的方式布置自己的房间，和同学一起踢球，参加科技小组等时，其主动性和独立性也能加强。如果父母过分担心和怀疑孩子的能力，禁止或限制孩子的这些活动，就会挫伤孩子独立活动的积极性。

3. 让孩子单独旅行

自古以来便有这种说法，疼爱孩子就让孩子单独出外旅行，因为这是培养孩子独立性的最佳方式。用在教育方面，保证能奏效。比方说，孩子放寒假或暑假时，让他一人到乡下亲戚家住。至于平时生活中，也可找出效果和单独旅行相同的方法。例如，假日全家外出时，先决定集合地点，由孩子自由行动，或分别回家。

独立性是现代化人格素质的重要方面，其内涵是：孩子在生活上能自理，在学习工作中能独立完成各项任务，碰到问题和困难能独立自主地做出决策并付诸实施，不轻易接受他人的暗示、意见而改变主意。

068 让孩子从实践中了解社会

社会实践主要是锻炼孩子融入社会的能力，孩子可以在社会中学到很多在学校中学不到的东西，同时孩子的组织与动手能力也会有所提高。

可是，很多父母担心自己的孩子没有涉世经验，在社会中历练很容易沾染社会上某些不良的习气。同时，因为女孩天性柔弱，父母更担心女孩会被骗，不主张孩子参加社会实践。但孩子不可能永远在家庭里、学校里，早晚有一天要走进社会，而社会上的不良风气会在一定程度上存在，这时候，怎么办?

如果不从小培养孩子的社会适应能力，就很难培养出一个独立自主的孩子。因此，父母要支持孩子参加社会实践活动。

泰国前总理他信是东南亚著名的“电信大亨”，家里十分富裕。可是，他对自己的一子二女要求相当严格。为了让孩子们长经验、长见识，他甚至主动要求子女出去打工。2004年3月，小女儿贝东丹高考结束后，他信把女儿送到曼谷一家麦当劳餐厅里打零工。其间，他信还专程光顾这家餐厅观察女儿打工的情况。贝东丹一时间成为泰国媒体关注的焦点。他信说：“我就是想让她有这个经历，让她了解生活。因为她是家里最小的孩子，出生时父母就是有身份的人。钱不是关键，我们想让她获得一些经历。”他信还表示，希望女儿能够成为泰国年轻人的榜样，能更快地适应工作，适应社会，并培养责任感。

他信鼓励并要求子女参加社会实践的做法，对子女尤其是女孩来说很重要，至少可以让她们知道：长大后，无论在什么情况下，她们都能养活自己，从而最终不必依赖别人养活自己。在经济社会中，有独立的经济来源才会有女性自身的独立。尤其在这样一个过多地强调女性外貌的社会中，假期里的社会实践活动经历会使女孩有机会看到自身的强大和能力，而不会陷入对外貌过分追求的误区。

参加了社会实践活动的孩子，不但带给自己更多的自信和收获，而且使自己变得更加干练和成熟。

经过一周的社会劳动实践回到家的多多，不但未见任何吃过苦的迹象，反而满脸的兴奋。诉说的欲望简直迫不及待：“你们谁也别问我，等我一项一项跟你们说，来来来，到我房间来!”

于是，多多的家人都笑嘻嘻地坐在了多多的房间。

“第一项我先分礼物。”多多从她的大背包里拿出了一大些东西，一股脑地摆到了她的床上。

“看，这是我亲手刻的瓷盘，是个‘寿’字。我们老师说了，我刻的算很好的，得了98分呢！现在，爷爷，我把它送给您，祝您永远健康长寿。”爷爷望着满脸自豪的孙女，竟然激动得红了眼圈。

“看，这是我编织的中国结，虽然不太好看，但我算学得挺快呢，我们班几个同学请教我以后才完成任务的。我打算把这个中国结送给姥姥。

女儿又拿出一个小布熊，举到爸爸妈妈面前，说：“怎么样？漂亮吧？猜猜哪里来的？”

家人摇摇头，不知道这个布熊是怎么来的。妈妈问：“是你表现好，老师给你的奖品吧？”

着急的多多卖不了关子，急急地说：“这是我自己缝的！我终于知道，缝的时候布都是反着的，先把边都缝起来，只留个小口，然后反过来，这个边就看不出针脚了，就很好看了。学习就是好啊，怪不得我原先给娃娃缝的衣服那么难看呢！”

……

通过多多的讲述，我们可以了解到，这个星期的实践多多过得很快乐，学了许多课堂上学不到的东西。虽然父母平时也很注意培养孩子的生活自理能力，但比起社会实践活动来，还差得很远。

这样培养最有效

为了孩子将来能更适应社会活动，父母必须要让孩子多参加一些社会实践活动。那么，父母具体应该让孩子参加哪些方面的社会实践呢？

1. 鼓励孩子出去打工

鼓励孩子去社会上打工。平时孩子学习忙，父母很少让她们干家务，利用假期时间鼓励孩子去打工，就是希望她能积累宝贵的社会经验。虽然孩子在打工过程中可能会遭受到白眼、受气、干活中弄伤手指，不过打工的经历会使孩子学会忍让，学会如何与人交往，而且能学会一些基本的生活技能，还可以培养她们的合作意识、责任意识以及为人处世的能力等。

2. 鼓励孩子做义工

基于对孩子安全的考虑，父母可以不支持孩子打工，但可以支持孩子参加社会实践活动。比如感兴趣的社会调查，例如环保问题等，还可以去敬老院或者孤儿院做义工，培养孩子的社会责任感。

教育箴言

俗话说，读万卷书不如行万里路。对孩子来说，参加社会实践活动非常重要。社会实践活动可以让她们变得更成熟、更稳重、更受欢迎。在保证孩子安全的前提下，让孩子多参加社会实践活动吧。

069 学会自我管理，培养良好习惯

在西方国家，孩子玩耍时，母亲一般都不紧盯着。一旦孩子摔倒了，她们往往只在远处注视，叫孩子自己爬起来继续玩，孩子也很少哭。

而国内常见的情况是，孩子玩时，父母亲常常是死盯在孩子后面，大声地喊叫："别跑！当心摔着！""别摸！那儿脏！""别走远了，危险！"总之，喊个不停。当孩子不小心被绊倒时，赶快上去抱起来，又拍又哄。孩子本来并没有哭，哄着哄着反倒大哭起来。

许多情况下，父母的过分照顾、担心和保护，成了孩子的沉重负担：孩子已经会自己吃饭了，父母还要一口一口地喂；孩子会走路了，父母非要抱在怀里不可，从这个大人手里传到另一个大人手里，不让孩子双脚着地走路；孩子会自己拿东西了，父母不让她自己动手，而将东西一件一件地递到她的手里；孩子会自己洗手、洗脸、洗脚了，父母却给她打好水，替他们洗；孩子会自己穿衣服了，父母不让他们自己动手穿……现在，许许多多的孩子什么事都不用她们自己动手，一切全都由父母"承包"了。孩子过的是饭来张口、衣来伸手的生活，难怪有人称她们是"小公主"。这样的孩子很难独立把握自己，她们长大以后，生活能自理吗？能过得幸福吗？

洋洋今年4岁半，每天的穿衣（冬天因衣物太多除外）、刷牙、洗脸、洗脚之类的事情早已是自己独立做了。妈妈的方法是：如果觉得她能力所及就绝不相帮，而是在旁不停地鼓励，教她技巧和方法。当然，刚开始她还有些生疏，显得笨手笨脚。不过，在渐渐习惯之后，她也能独立完成，妈妈就放手随其所为。

在日常生活中，洋洋除“自己管好自己”之外，妈妈强调她还必须承担一定的家庭义务。譬如，每天吃完饭收拾碗筷。开始时，妈妈故意说：“收拾碗筷真开心。”洋洋听后觉得有些奇怪，妈妈就接着说：“你愿意帮妈妈吗？”洋洋很乐意，收拾完后妈妈就极力称赞她，说她会体贴妈妈，心疼妈妈，像个大人了；又说她做得如何漂亮、如何利落。在洋洋得意之时，妈妈又趁热打铁地说：“明天你一个人做，有没有信心做得比妈妈还好？”第二天，不等妈妈提及，洋洋就偷偷地计划了，一边催着爸爸妈妈快吃，一面自己也快快地吃着，看着大家即将吃完，就赶快宣布：“今天我收拾。”在她即将做完时，妈妈就大力表扬她。开心的洋洋以后一发不可收拾。尽管她也出过几次差错，但妈妈只是淡淡地笑笑，提醒她注意的事项。

让孩子收拾碗筷虽然是一件小事，通过这细小的工作却培养了孩子自我训练的习惯。父母偷了“懒”，孩子又得到了锻炼，两者兼得，何乐而不为？

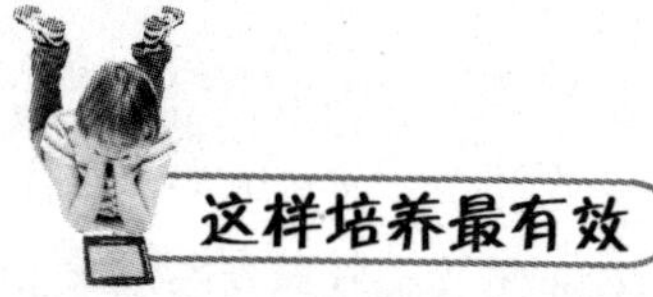

这样培养最有效

培养孩子自己的事情自己做的观念，父母可以从以下几个方面对孩子进行指导：

1. 让孩子自己穿衣

要想让孩子在3～4岁之前完全学会自己穿脱衣服是不可能的，但自我管理的意识需要从小开始培养。两岁左右的孩子已有自己穿脱衣服的独立意识，虽然费时很长，也穿不好，但还是要不厌其烦地鼓励孩子慢慢实践，同时教给孩子正确的穿脱衣服方法。否则依赖性一旦形成，孩子会做的事也不愿自己动手。除了鼓励孩子自己穿脱衣服，还可以通过言传身教，使孩子逐步具有冷了添衣、热了脱衣的意识。

2. 孩子自己整理玩具物品

在自我管理中，玩具物品的收拾整理是非常重要的一环。父母可以为孩子的玩具和物品准备一个专门的放置地方，让孩子知道这些东西各有各的

"家"，每次玩好用好都要送回"家"去。要让孩子意识到收拾玩具是自己的事，父母只是帮忙而已。要尽可能地用游戏的方式吸引孩子参与收拾整理，并坚持不懈不断强化，最后形成习惯。

3. 让孩子自己安排和自己负责

这一点对于自我意识还没有形成的婴儿来说确实勉为其难。但这个意识却要在点滴的生活小事中及早播种、及早萌芽。每次带孩子出去玩之前，可以让孩子试着安排一下今天到哪里玩，准备做些什么，并帮助孩子分析这样做的优劣和可能性。当孩子要带东西出去而忘记带或把带出去的东西忘在外面而生气发脾气时，父母千万不能自揽责任包办代替，而要让孩子意识到自己想做的事自己应该安排好，并且学着负责到底。每次注意给孩子这样的提醒、教育和帮助，孩子便逐渐地拥有了这种"负责"的意识。

让孩子自己管自己，自己的事情自己做，父母们要以自身优良的榜样影响孩子，用无声的教诲为孩子展示做人的准则；要以宽容的态度对待孩子，允许孩子在实践过程中跌跟头、犯错误，进而帮助孩子总结教训，树立信心，继续前进；要以理智的方式指导孩子，给孩子指明成长的道路，奋斗的方向。

070 让女孩变得勇敢起来

女孩天生的柔弱性，使她们在遇到困难和挑战时往往容易害怕和退缩。当

前，很多父母常常让孩子生活在自己的庇护下，认为只有这样，孩子才能在一个安全的环境里健康长大。

丽丽是个5岁的小女孩，不知道从何时起，每天晚上睡觉时一定要在房间里点上小夜灯，房间绝不能漆黑一片，否则丽丽总说房间里好像有人看着她，不肯一个人睡觉。即使是点上小夜灯，有时丽丽也会做噩梦惊醒大哭，一定要大人陪着她才肯继续入睡。不仅是在睡觉时胆小怕黑，连上下楼梯时若光线昏暗，丽丽也会紧紧抓住大人的手不放。上幼儿园对丽丽更是“折磨”，每当她哭丧着脸对父母说“怕”，父母就心软了。更严重的是丽丽天一黑就不敢出门，连家门口都不愿意靠近。所以父母晚上从不带她出门。

像丽丽这样胆小的女孩现在有很多，其中大多数孩子都是在父母的庇护下变得越来越娇气脆弱，产生过分依赖大人的心理，从而形成了胆小怕事的性格。胆小是培养竞争力的最大障碍，一个胆小的人，任何新事物都不敢尝试，怎么能够在这个竞争激烈的社会里立足？所以，父母要注意多培养孩子的勇敢，鼓励孩子不要经常大惊小怪，要勇敢面对困难。

一次，爸爸带6岁的欢欢到公园玩。女儿高兴地在公园的草地上跑来跑去，快乐极了。突然，爸爸听到欢欢尖叫一声，只见她脸蛋都吓白了，惊恐地叫：“一条虫子，我害怕！”

爸爸走过去把虫子捏起来，放在掌心里，然后对欢欢说：“这条虫子没有什么可怕的，它不会咬人，是一条草虫子。”

听到爸爸这么说，欢欢才敢凑过去，仔细地看着虫子。

“来，把虫子捏起来。”我说。

欢欢一听，吓得倒退了两步，一边摆手一边对爸爸说：“我不敢，我不敢！”

“不用怕，你是个大孩子了，还害怕一条小虫子？”欢欢爸爸鼓励女儿。

欢欢听到爸爸的话，鼓起勇气走过去，小心翼翼地用手碰碰爸爸手心里的虫子，见它没什么反应，慢慢地捏了起来。

“欢欢真勇敢！”爸爸高兴地对欢欢说。这时，欢欢看着被自己捏在手中的虫子，也高兴地笑起来。

作为父母，都应该像欢欢的爸爸一样，多鼓励孩子，激起她的勇气。不要认为孩子是弱小的而无法面对困难，而应该鼓励孩子用自己的力量去迎接挑战。告诉孩子："你的力量很强大，只要你勇敢，就一定行！"

这样培养最有效

父母应该努力帮助胆怯的孩子勇敢起来。具体应注意如下几点：

1. 帮助孩子正确认识恐惧源

孩子的恐惧心理往往来源于对事物的不正确认识。由于孩子的经验不足，所以她对于一些未知问题就会由神秘而造成恐惧。父母可以有针对性地给怕鬼怪、怕黑暗、怕打雷的孩子讲解相关的科学知识，并用事实和实际行动来解除孩子的担心。孩子就会消除心中的疑惑和恐惧，从而大胆行动。

2. 要放手让孩子自己去体验

父母要大胆放手，让孩子自己去解决她能自己解决的问题。只有放手让孩子自己去体验，孩子才可能学会应对各种困难，从而更加愿意去尝试、去探索。

比如孩子害怕与人单独交往，父母可以陪孩子前往。但是，在快要到达目的地的时候，应要求孩子独自前往，父母可以在附近关注孩子，给孩子壮胆。经过不断的锻炼，孩子的胆子就会逐渐大起来。

3. 用鼓励和支持帮助孩子克服胆怯

胆怯的孩子，在家或幼儿园易受到外界的忽视或歧视，孩子会感到自卑，越是自卑越不敢抬头大声说话，以致恶性循环。父母可以耐心地告诉孩子："没关系，有我们帮助你，你会好起来的。"切忌嘲笑孩子不敢尝试，这只会使孩子的自卑心理得到强化，让孩子觉得"自己就是不行"而永远不敢去尝试。

只要孩子有进步，哪怕不如父母所期望的，也要给予热情和真诚的鼓励。孩子在大人的鼓励中，产生被认可、被接受的感觉，增强了大声讲话的信心，有助于消除紧张感。

4. 鼓励孩子参加各种社会活动

尽量为孩子创造各种条件，让孩子充分体验和同伴一起游戏的乐趣。一方面，父母要引导孩子与同伴的交往，在带孩子外出或去公共场所活动时设法减轻孩子的心理压力，引导孩子参加同伴游戏。在活动中有意加入一些碰撞性的游戏，使孩子在活动中既要学会保护自己，又能增加勇气。

当然，父母还需要注意，在培养孩子勇敢精神的时候，要教会她们判断危险程度，学会避免危险，并不产生恐惧心理。

美国家庭教育中有一句话，叫作“让你的女儿禁得起棒打”。只有让孩子经受历练，才能让她们远离胆怯，变得勇敢。

生活对于孩子是未被开垦的处女地，她们需要的是一股拓荒者的勇气和自信，而不是畏惧和畏缩。勇敢是父母必须给孩子上的最重要的一课。

071 女孩爱拼才会赢

一个人之所以能取得卓越的成就，最关键的就在于他在做这件事情的时候是积极的、主动的、敢于拼搏的。人不能没有拼搏，特别是孩子，因为只有拼搏才是获得成功的渠道；只有拼搏，才可享受胜利的荣耀。

有一首歌名叫《爱拼才会赢》，其中有句歌词是这样的：三分天注定，七分靠打拼，爱拼才会赢。这几句简单的歌词包含了丰富的人生哲理，不要轻易向命运低头，它远没有人们想象的那么强大，拼搏才是硬道理。比如说马拉松比赛，并不是每个参加比赛的人都能得到冠军奖牌，他们只是在挑战自己，尽自己最大的努力去体育场上展现自己。每一次拼搏，都会让人感到酣畅淋漓。做任何事情都是如此，都要有一种拼搏精神。

很多事例已经足以证明，为了成功，就要努力拼搏；为了成功，就要勤能补拙；为了成功，就要有远大的理想，准确的目标和坚定的信念。超越目标，实现理想，只要能做到了，相信自己，成功的彼岸就在不远的前方。

成功，是靠拼搏得来的。伟大的发明家爱迪生曾经说过：“一个人的成功，百分之九十九来源于个人的拼搏与奋斗，只有那百分之一来自于个人的灵感与思维。”从古至今，无数事例论证了拼搏对于一个人的成功有多么重要。因此，家长应该明确地告诉孩子，在自己的人生事业中付出多少，也将获得多少。成功不是唾手可得的，是需要在失败中努力奋斗，在挫折中顽强拼搏，才能够换来的。

他5岁那年父母就去世了，12岁他开始了他的全新生活。16岁，他在一家餐厅当上了主厨，18岁他结了婚，有个漂亮的妻子。过了一段时间，她妻子怀了他的孩子。但在喜悦同时他被餐厅炒了鱿鱼。但他还是不放弃，继续向他的理想拼搏着。他对他的朋友们说他要有很多钱，去帮助和他以前一样的人，让妻子、孩子过上好日子。但他的朋友却说：“你别想了，这是不可能的，你等下辈子吧!”但他不因为别人这么说而放弃。时间过得很快，转眼间他已经老了。他在年轻时开过加油站，饭店，但最后都倒闭了。最终他在88岁时有了自己的事业，他就是肯德基的创始人——哈兰·山德士。

很多孩子都很爱吃肯德基，而且经常去吃，但很少有孩子想过肯德基是哈兰·山德士经过了几十年的拼搏才打出来的品牌。家长应该记住这个故事，再带孩子去吃肯德基时可以把故事告诉孩子，让孩子在吃的同时体会其来之不易的艰辛。要相信在人生的路途中,失败的地方不是终点站,而是一个小小的转折点。在哪里摔下去，就要在哪里站起来。拼搏的过程就是一个超越自我的过程。

这样培养最有效

纵观古今中外，人类历史上的杰出人物，他们的成功无不关乎拼搏二字。父母应从小就帮助孩子养成这种“爱拼才会赢”的信念，并将孩子的这种信念上升为一种习惯。

1. 树立明确的目标

有了明确的目标，有了前进的方向，有了良好的执行力，有了做事的技巧，孩子就可以朝着这个方向努力进取。这一切的一切都离不开两个字，答案不言自明，拼搏！

2. 父母要做好表率

有则《鹰》的寓言故事：有人问老鹰为何要在苍穹中培养自己的孩子，老鹰回答说：“如果我贴着地面去教育他们，那他们长大了，哪有勇气去接近太阳呢？”

为了孩子的勇气，老鹰做了良好的表率，为孩子创设了拼搏的气氛，这种老鹰精神正是每位父母应该学习的。若父母一碰到困难就唉声叹气，畏惧退缩，那么，孩子在无形中会觉得困难太可怕了，以致不敢面对困难，那还有什么拼搏可谈呢？

3. 最重要的是决心

要拼搏，必不可少的是决心。孩子不怕勇战失利，就怕没有勇气去绽放自己。遇到困难，勇于克服；巧遇恶敌，勇于应战，这都是拼搏的表现。遇到难题，退缩不前，这是家长们所不愿见到的懦弱表现。没有坚强的信念，就不会有拼搏的过程。立下坚定的决心，勇于进取，不半途而废。这样，再大的困难，也能迎刃而解。

拼搏精神，顾名思义，就是一种为了自己的目标或远大理想而顽强奋斗、坚持不懈的精神。社会在发展，但拼搏精神仍是现代生活中不可缺少的一种品质。插上拼搏的翅膀，让孩子永远翱游在遥远的天空。

第十章

80后妈妈培养品质高尚的女儿

从古至今，品质高尚一直被主流社会所推崇。可想而知，一个女孩如果只注重外表漂亮，而不注重品质修养，她是很难得到大多数人认可的。相反，一个女孩如果品质高尚，但外表普通，别人却不会因为她的长相而减少对她的尊重。

072 感恩给孩子带来幸福和满足

一个懂得感恩的女孩，她的内心会更加纯美，也会更有魅力。一个不懂得感恩的女孩，怎么能去爱别人，又怎么能得到别人的爱呢？所以，父母一定要教会女孩感恩。

可在我们的生活中，很多父母只知道为孩子无私地付出，却从来不知道应该教孩子回报父母、感恩父母。这样的女孩长大后大多都是自私的，她们不知道什么是感恩，也不知道什么是报答，而认为父母为她做的一切都是应该的，是理所当然的。

娜娜的妈妈平时对女儿关爱有加，女儿却对妈妈十分冷漠。娜娜妈妈生日那天，一位妈妈的朋友给她打电话，妈妈不在家，是娜娜接的。朋友对娜娜说："今天是你妈妈的生日。"娜娜无所谓地说："是不是她生日，关我什么事呀!"后来朋友把娜娜的表现告诉了娜娜的妈妈，娜娜妈妈的心都凉透了。每次女儿过生日，妈妈张罗这张罗那，女儿怎么这么对妈妈啊?

飞飞的爸爸看到女儿在吃巧克力，就要求女儿分一点儿给他吃。飞飞先是不同意，爸爸就跟女儿讲道理。但是，飞飞还是不愿意。爸爸就假装生气。看到爸爸生气了，飞飞只好分了一半给父亲。

现在像娜娜和飞飞这样冷漠、自私，不懂得回报的女孩比比皆是。难道孩子生下来就是这样的吗？恐怕根源还在于父母的教育，是父母的过度关心、过分溺爱最终让孩子变得冷漠无情。而高明的父母，懂得用引导的方式教孩子主动感谢父母。

蒙蒙的妈妈非常喜欢郁金香,她经常给女儿讲一些养花草的好处。有一次，她带着蒙蒙去逛花市，看了各种各样的郁金香。但是，她只是问了价钱，却没有买。她对蒙蒙说："这郁金香好看是好看，就是价钱太贵了。"

回到家里后，蒙蒙妈妈似乎一直惦记着那些郁金香。没过几天就是母亲节了，铺天盖地的广告都在教子女孝敬母亲。母亲节那天，妈妈刚回到家，就看到了放在桌子上的郁金香，还有蒙蒙的一张纸条。女儿是这样写得："妈妈，您养育了我13年，我无以为报，我知道您很喜欢郁金香，就给您买了一盆郁金香，代表了女儿对您的感激之情。"

妈妈欣慰地笑了，原来，这是她精心设计的训练课，她希望女儿学会主动地感谢别人。

蒙蒙的妈妈通过启发使孩子懂得了去感激父母，并用言语和行动去回报父母。虽然无私的父母并不是非要得到孩子的回报不可，但懂得感激父母的人，也必定懂得去感谢他人，回报社会。

这样培养最有效

不会感恩或者不愿意感恩的人是缺乏情感的，是不受欢迎的。因此，父母要培养孩子感激他人的习惯，使孩子成为一个人人欢迎、人人喜爱的人。那么，作为父母，该如何教自己的孩子学会感恩呢？

1. 父母要以身作则

要想让孩子有颗感恩的心，首先父母就要成为一个心存感恩的人。父母在孩子面前，不要轻易诋毁别人的善意。比如，朋友送了一个礼物，父母千万不要说："看看他送给我是个什么礼物，一分钱舍不得花，居然是自己做的。"也许，父母只是随便说说，但孩子却从此将金钱作为衡量礼物所代表的情意价值。因此，父母在孩子面前应该说："朋友送的这件亲手制作的礼物可真别致，一定花费了不少的心思。真应该好好谢谢他！"这样，孩子就会在父母的影响下养成感恩的好习惯了。

2. 教孩子感谢父母

生活中，许多父母都只知道无限地为孩子付出，却从来不知道应该教孩子感谢父母，对父母有所回报。这样的孩子往往是自私的。连父母都不知道感谢的人，将来怎么能有什么良知和责任感呢？

许多孩子不懂回报父母，是因为父母没有给孩子机会来回报。因此，父母要有意识地引导孩子的感恩回报意识。比如，有好吃的东西，不要都给孩子一个人吃，要让孩子和父母一同分享。父母还应该让孩子知道，自己的衣食住行都是由父母的辛勤劳作提供的，从而从心里感激和敬重父母。

3. 教孩子学会感谢生活

相传古代日本的阿伊努人，每当小米成熟的季节，家中的老人都要把刚收来的新鲜小米捣碎后做成饼子，并向饼子祷告："哦，谷神啊，我们向你礼拜……你滋养着我们，我要礼拜你，感谢你。"祷告完以后，才能拿起饼子吃。

生活是美好的，但也有痛苦。一个人只有怀着感恩的心，才会忽视生活中的苦难，时刻看到生活的美好。父母要教育孩子感谢生活，感激自己所得到的一切。

孩子的心灵是纯洁的，父母应该从小就给孩子的心灵播下感恩的种子，让孩子懂得付出。这样，孩子心中就会充满爱，具备与人为善、与人为乐的品格，形成健康的人格。

如果你一生中留给人们的都是些美好的东西——鲜花、思想，以及对你的非常美好的回忆——那你的生活将会轻松而愉快。那时你就会感到所有的人都需要你，这种感觉使你成为一个心灵丰富的人。你要知道，给永远比拿愉快。

073

善良的孩子最受益

一个善良的人才会富有爱心，才能被人接受、受人尊重。女孩天生善良，通常都愿意帮助别人，愿意把自己的东西与别人分享。在看到别人难受时，更容易伤感。这都是善良的一种体现。作为父母，就要强化孩子的善良天性。

小雪是一个很善良又很敏感的孩子，在她得到东西时，总是先把它让给爸爸妈妈、爷爷奶奶，然后才自己享用。

小雪进了幼儿园后，很快就适应了集体生活。一天，幼儿园里新来了一位小朋友，由于不习惯集体生活，幼儿园的阿姨要求大家处处都让着这位同学。小雪非常不理解，回到家后，她问妈妈："妈妈，在家你让我让着奶奶，在幼儿园里，阿姨让我们让着一个新来的小朋友，我做到了。可是，我不知道为什么要让着别人呢？难道别人就不能让着我吗？"

"老师是让你学会尊老爱幼嘛!"妈妈回答道。

"可是，那个小朋友和我一样大，他既不是我的爷爷奶奶，也不是我的弟弟妹妹，我为什么要尊他爱他，处处让着他?"

这一下妈妈给逗乐了，可她不知怎么回答孩子的问题。

很多父母都会遇到这样的问题，如果回答不好，那么很可能就会让孩子形成错误的意识。其实，这时候，父母就要告诉孩子"善良"的概念，让孩子用爱来感受这个世界的人际关系。那么，善良就逐渐积淀为孩子的终生品质了。

在一家杂货店里，杰仁夫妇正在购物，他们的身边，两个可爱的小女儿——一个大约4岁，另一个大约8岁——正在玩耍。

这时候，一件意外的事情发生了，一位年老顾客没有拿稳售货员递过来的装

钉子的纸袋，“哗”地一声，钉子撒了一地。两个小女孩吓了一跳。

杰仁对大女儿说：“宝贝，我们来帮他一把。”说着，俯下身去帮老人拾起钉子来。那孩子马上停止玩耍，弯下身去认真地帮这位老人家捡钉子。年纪较小的女儿，则继续在旁边玩耍。这时候，妈妈用手碰碰她，说道：“难道你不想帮帮他吗？”于是，小女儿也加入了捡钉子的行列之中。

杰仁夫妇用温和的态度和语言，教育了孩子要有帮助别人的热情。这样的女孩长大之后一定非常善良，能成为一个对社会有用、具有良好品质的人。

这样培养最有效

为了使善良成为孩子的终生品质，父母必须讲究良好的方法，可以从以下三方面入手：

1. 为孩子创设亲切、友爱的成长环境

一个在爱的环境中长大的人，不难拥有善心、爱心。作为父母，以友好和爱的方式来教育、帮助孩子，努力使善意、友好的气氛充满整个家庭，充满孩子成长的每一个细微的角落，那么，孩子在此环境熏陶下，会非常认可自己的善良本性，也愿意把这个本性坚持下去。

那些得到父母和亲友友善与怜爱的孩子，从人生一开始，就认为生活应该如此，从而带着基于个人经验而得来的一种信念：“大人对我们很友善。他们在我们感到饥饿和受到伤害时，照顾并帮助我们，他们和我们说话时也是和蔼可亲的。”

2. 使孩子懂得如何才能变得善良，为什么善良令人满意

这里要注意的就是，不必通过说教的方式，让孩子认识善良，那样会让孩子感到厌烦，使事与愿违。父母可以在某些特定的场合下，见机行事，简单、随意地向孩子解释一下，让她知道所有的人都非常喜欢善良的人。

如果孩子偶有些小私心，也没有关系，不必责怪她。这并不说明她本性不善，只是因为她还没有认识到什么对她的成长更好。父母千万不要责怪她，更

不能把她的行为定性为“恶”，以免挫伤孩子。要让她认识到这样不好，不是好孩子应该做出的举动，并表示你对此的遗憾，相信她下次会做得好一些。

3. 赏识孩子善意的举动

女孩很小的时候，她的善心就已经逐渐显露。从教育学的角度来说，如果孩子做的事得到了肯定和表扬，那么她还会继续这么做。因此，父母要赏识孩子的善良，让孩子知道你希望她这样做，希望从她的举动中看到善意和柔情的美丽。

一个拥有善心的女孩，才更容易受到人们的肯定，更容易被社会接受，她的事业和生活之路也才能更温馨、顺畅。维护孩子的善心，应该是父母最重要的责任之一。作为父母，应该注重自己的言行，不要破坏孩子善良的本性。

一个健康的孩子就好比一棵树，必须以善良为根、以正直为干、以丰富的情感为蓬勃的枝丫，这样才能结出美丽的、善良的果子。

074 宽容一定要会忍让才行

宽容不但是做人的美德，也是一种明智的处世原则，是人与人交往的“润滑剂”。一个女孩如果拥有一颗宽容的心，那么也将会给自己赢得更多的朋友，在人际交往上能更加得心应手。让女儿拥有一颗宽容心，那么就是在为她拓宽人生的道路。

朵朵的妈妈给她买了一本《米老鼠》杂志，下课后，她就翻出杂志津津有

味地阅读起来。正当她被那个可爱的米老鼠吸引住时，只见一滩墨色的液体冲过来，将整个米老鼠染成了黑色。

原来，朵朵的同桌起身时不小心把墨水瓶碰翻，墨水洒到了杂志上。朵朵火冒三丈，大声嚷嚷着让同桌赔她新的《米老鼠》，无论同桌怎么解释、道歉，都无济于事。最后，余怒未消的朵朵还把这件事告诉了班主任老师。结果，同桌被老师批评了一顿。

像朵朵这样的女孩现在有很多，在家里被父母娇惯坏了，不懂得宽容，不懂得忍让，她们常常以自我为中心，不管遇到什么事情，永远只在乎自己的感受。即使别人不是有意的，她们也会不依不饶，不罢不休，抓住别人的过错不放，没有一点儿宽容、忍让之心。这就要求父母能正确地教导孩子去宽容对待别人。

国庆节外出旅游时，妈妈给女儿欢欢买了一个小风车，同行的小伙伴浩浩却买了一个稍大一点的风车，他便向欢欢炫耀。玩了一会儿后，浩浩的风车便玩坏了，这下欢欢找到报复机会了：“哈哈，我说大的不好吧，这么快就坏了。”浩浩难过地看着自己的风车。妈妈一听赶紧把女儿叫过来，说：“欢欢，你觉得刚才这样说话对吗?”“谁让他笑话我的风车小呢。”“如果你的风车坏了，你的心情会怎样?”“我会难过。”“对呀，浩浩没有风车玩了本来就很难过，你又这样说他，他心里是不是会更难受?”欢欢听后不做声了。

于是，妈妈又对女儿说：“好朋友要互相关心，我知道欢欢很喜欢帮助别人，现在你想怎样做?’”欢欢想了想说：“让他和我一起玩我的风车吧。”于是，两个孩子又重归于好，欢叫着、奔跑着，开心地玩着小风车。

欢欢的妈妈教女儿站在他人的角度看问题，使女儿明白了宽容的道理。父母可以这样教孩子：如果自己不小心伤害了别人，而别人不原谅自己，那自己的感受如何呢？这样可以使孩子站在别人的立场体会别人的感受，从而能更加宽容地对待他人的缺点与不足。

只有这样的教育，才能培养出宽容、体贴的孩子。因此，我们不要觉得只有斤斤计较才能体现出自己的尊严。越是做大事的人，越能体会到宽容的力量。

这样培养最有效

富有宽容心的孩子往往心地善良，性情温和，惹人喜爱，受人拥护，而缺乏宽容心的人往往性情怪诞，易走极端，不易为人亲近，因而人际关系往往不好。要想让孩子出类拔萃，我们必须培养孩子的宽容。

那么，父母应该如何培养孩子，才能让孩子拥有一颗宽容的心呢？

1. 不要把世俗的毛病传染给孩子

父母要注意不要对某些人和事物有偏见，更不要把这些偏见在孩子面前表露出来，从而让孩子在潜意识里也受到这种偏见的影响，而对这些人和事物有偏激的看法。

当孩子的小伙伴来到自己家里时，父母对他们既不要过分冷落，也不要过分热情，尤其要教育孩子尊重小伙伴，让孩子平等地与人交往。

2. 不要娇惯孩子

父母过于娇惯孩子，无限度地满足孩子的愿望，孩子在家中的地位就会高高在上，这种孩子不会与别人分享。因此，父母要想培养孩子宽容的个性，就不要娇惯孩子。

3. 教孩子换个角度看问题

父母可以教孩子学会从别人的角度来看待问题，让孩子把自己置于别人的位置，设身处地地站在别人的角度来思考问题。

4. 学会给别人台阶下

当孩子遇到他人冤枉自己或无意中伤害了自己时，更应当予以谅解，不应得理不让人。在指出别人错误时，态度要诚恳、友善，不要尖酸刻薄，更不要抓住人家的错误不放，应做到得理饶人，让别人有台阶下。

5. 父母要起表率作用

父母本身具备的品德，一般在孩子身上都可以找得到。因此，父母首先要为孩子创造一个良好的家庭环境。一个整天吵闹不止的家庭，是很难造就出一个具有宽广心胸的孩子的。父母对他人的热情、平等、大度等处事原则和行为，是孩子最好的直观而生动的教材，会在潜移默化中培养出孩子尊重别人、爱护别人的良好品质的。

父母对孩子不宽容的行为不能太急，尤其不要自作主张地强制孩子去宽容。当孩子有了宽容的行为时，要及时鼓励，给予强化。

教育箴言

一个不肯原谅别人的人，就是不给自己留余地，因为每一个人都有犯过错而需要别人原谅的时候。

075

孝顺女儿是件贴心"小花袄"

尊敬长者、孝顺父母是中华民族的传统美德，是孩子健康成长的需要，更是女孩善良、爱心的体现，孝顺的女孩是父母的贴心小棉袄。

然而，这种美德在目前的一些独生子女身上却很少能够体现出来，而另外一些现象几乎在每个家里都可以看得到，比如：当一家人吃过饭之后，孩子推开碗筷就去看电视或是出去玩，而父母却要为她收拾碗筷；当家里有什么好吃的东西时，父母总是会让孩子先吃，而孩子却很少会请父母先吃；如果孩子有一点不舒服，父母马上就会很着急地带她去看病，而当父母有病的时候，孩子却很少过问，更别提为父母做一些家务事了。

其实，孩子的这种行为大多是由于父母的教育不当造成的。孩子要么无视父母的爱和呵护，要么就把自己的全部心血都放在了拼搏进取上，而完全想不到要回报给父母以爱和孝顺。

女孩通常都比男孩更能体会父母的爱心。因此，父母要在日常生活中自然而然的地激发女孩善良的天性和呵护父母的本能，培养她们的孝顺之心。

希希是爷爷奶奶的“掌上明珠”，是爸爸妈妈的希望所在。家人对她倾注了浓浓的爱，却从不娇惯她，而是注意让她在享受爱的温馨之中，培养起对家人、对他人、对生活的美好感情，从接受大家的爱当中学会爱大家。

在祖孙三代同堂的大家庭中，只要用心，就更容易培养起关照老人的习惯。每逢家人吃水果，爷爷奶奶就说：“看希希怎么分？”她每次都是把大的给了爷爷奶奶，自己留小的。有时爸爸妈妈给希希买来小食品，她也是主动地让爷爷奶奶、妈妈爸爸尝一尝。每逢节假日家人聚餐时，都等爷爷奶奶长辈人入座后，她才上桌。遇到好吃的东西，她也学着大人的样子，多往爷爷奶奶的碗里夹。

那时，每逢节假日，希希的爸爸妈妈常带着她去看姥爷、姥姥。在她能走路的时候，爸爸妈妈就尽量让她自己走。实在累了，爸爸妈妈才背她走一段，边走边问她：“等爸爸妈妈年龄大了，走不动时，你能背我们吗？”每次希希都痛快地说：“能！”有时，看父母背她走得吃力，她便主动要求下来自己走。一次去江边玩，由于天热，一动全身出汗，她无论如何也不让爸爸背她走，自己走得满脸通红。路上行人见了，都觉得这个小孩挺懂事，那时的希希还不到3岁。

父母都应该像希希的爸爸妈妈一样注意在日常生活中培养孩子孝顺父母的品质，要让孩子明白自己与父母的关系，知道父母是长者、是家庭生活的主事人，他们为了自己做出了很多牺牲，只有如此，孩子才会更爱自己的父母，也愿意用自己的行动回报父母。

这样培养最有效

孩子孝敬父母并不是自然而然就会发生的事情，也是要通过父母的培养和教育才会产生的。那么，父母要怎么做才能培养出一个具有孝心的孩子呢？

1. 要让孩子理解父母的爱心，懂得父母的辛苦

父母对孩子都是千种照顾、万般呵护，但父母也要让孩子了解父母为她所做的一切，让孩子了解父母养育她付出的辛苦劳动。只有这样，孩子才会将父母的爱用加倍的孝顺回报给父母。

2. 父母要用行动为孩子做出最好的榜样

想要孩子具有孝心，做父母的首先要尊重和孝顺自己的父母。父母可以经常利用空闲时间带孩子看望自己的父母，帮助自己的父母做一些家务；还可以经常把自己努力学习、钻研业务的成功向父母回报，与父母一起分享成功的喜悦。这些都是孩子孝心养成过程中最好的榜样。

3. 要从生活小事入手训练培养孩子孝敬父母

父母要从平时生活的一点一滴小事入手培养孩子。如：当爸爸下班回来，教育孩子说："爸爸，您辛苦了，我给您拿拖鞋！"等爸爸换完拖鞋，再及时提醒孩子给爸爸端杯水。吃饭时，爸爸没回来，要提醒她给爸爸留饭或耐心等待爸爸。当她学着要给父母做一点事时，哪怕是给妈妈倒杯茶、给爸爸拿支笔，父母都应该给予鼓励。在这种和睦的家庭气氛中，孩子对父母的孝心就会自然养成。

4. 向孩子推及"老吾老以及人之老"

如果只对自己的父母孝顺，那么，就很难说有真正的爱心，而且在涉及自己的私利时，即使面对自己的父母，也容易产生不孝之情。因此，在培养孩子的孝心时，一定要注重推及"老吾老以及人之老"的思想。

教会孩子孝顺父母，其实不只是为了父母，更多的还是为了孩子。一个懂得孝顺父母的孩子在进入社会后，不管是在为人还是处事方面，都要比无孝心的人更容易受大家欢迎。

076
助人为乐的女孩是天使

助人为乐，是中国的传统美德。几千年来，人们多坚持宣扬这个教育话题。然而，现在社会的生活节奏加快，竞争愈发激烈，人际关系变得越来越淡漠。尤其是父母怕女儿帮助别人而吃亏，就往往忽略了对其进行助人为乐的教育，而导致有些孩子在面对需要帮助的人时采取旁观的冷漠态度。

一次，某幼儿园老师对她所教的中班进行心理测试，其中有这样一个题目："一个小妹妹病了，冷得直哆嗦，你愿意借给她外衣吗？"结果所有的孩子都没有回答。老师不得不点名，可是听到孩子的答案，老师感觉很心寒。第一个小女孩说："病了要传染的，她穿了我的衣服，那我也该生病了。我妈妈还得花钱。所以，我不会给她穿。"

第二个也是小女孩，她说："我妈妈不让。我妈妈会打我的。"

这个情景是很多孩子的真实写照，这些孩子已经无法接受"助人为乐"的这种美德了。其实，孩子们的心灵是纯真的，不愿意帮助别人，完全是由于父母的错误教育。大家都喜欢一个很愿意帮助别人的女孩，如果父母想让自己的孩子在将来的社会生活中更受大家的欢迎，父母就一定要为孩子做出关照他人和真诚待人的榜样。

列宁具有极强的人格魅力，他谦逊的风度与高尚的举止，深得同事和人民的爱戴，而这些良好的品质首先得益于他父母的精心教诲。

1870年，列宁出生于俄国辛比尔斯克（今乌里扬诺夫斯克）。他的父亲是省国民教育视察员，非常重视孩子们品德的培养。父亲以身作则地教导他们：要学会尊重他人，不论别人身份高低贵贱；小朋友要是说话发音不准确，不要

讥笑他，而要帮助他纠正，平时要多体谅别人，多替别人着想；要乐于助人，给老人妇女让座；别人帮了忙，一定要道谢；自己有了错，也一定要请求别人原谅……正是在这种潜移默化的熏陶下，列宁从小便对别人以礼相待，真心相助。他小时候经常到乡下外公家去玩，和贫苦的农村孩子们相处得如同和自己表兄弟一样亲密无间。有一次，他见到一位农民的大车陷到了泥里，赶忙上前，不顾泥泞帮着把车推了出来，把这位农民掉在地下的手套拾起来，恭恭敬敬地递过去，很尊敬地和人家交谈，最后还愉快地握手道别。不论是老师、朋友，还是纤夫、洗衣妇，小列宁始终以尊敬的态度对待他们。即使在他已成为一名领袖，工人、农民、士兵都更乐意接近他，他始终没有脱离过群众。

正是父母的精心的教诲，使列宁受到了众人的喜爱和拥戴，造就了一位历史伟人。列宁的父母以身作则地教导列宁关心他人，这是一个人在社会上立足并取得世人尊敬的先决条件。只有这样，才能赢得别人的信任和支持，成就自己的事业。

这样培养最有效

助人为快乐之本。那么，父母该怎样培养孩子助人为乐的良好品质呢？

1. 告诉孩子为什么要助人为乐

父母要告诉孩子，任何人都不是万能的，她总有需要别人帮助的时候。如果她渴望得到别人的帮助，那么首先就要学会帮助别人。

2. 全家人一起助人为乐

父母可以和孩子共同制订一项家庭助人活动，让孩子来决定具体要做什么。如果孩子想出的主意不可行，也要尽量让孩子有机会做出贡献。例如，如果准备一起植树，即使是三岁大的孩子也可以参与进来，她可以往树坑里填土或传递工具。如邻里之间互相关照；帮助孤寡老人的生活；心系灾区灾民，为灾区捐款捐物；在公共汽车上给人让座等等。这种教育的作用是潜移默化的，将会收到“润物细无声”的效果。

3. 要让孩子从帮助别人的行动中得到乐趣

女孩毕竟很感性化，如果她在帮助别人时，收获的是冷漠，是父母的反对、驳斥，她们就很难对助人行为有认同。要让她们知道帮助别人是多么好的一件事。譬如："如果你也把你的小车让妹妹玩，你就不会让她觉得好伤心，她会很高兴！"这样就会让她感到加倍的快乐。

女孩非常容易被爱心所感染，在父母的积极引导下，如果她知道别人需要帮助的话，她会尽自己的所能来做这件事，处处为别人着想，互敬互让。这样孩子长大后，才能具有优雅的修养和风度，成为乐于助人的天使。

在生活中，父母的行动是孩子的一面镜子。父母以身作则，为孩子做出榜样，孩子耳濡目染，日久天长也会养成自己的行为习惯。

077 有了诚实才能形成其他好品格

诚实是做人的第一美德，它是一个人品格正直、表里如一的体现，如果孩子的生命力缺少了诚实的话，那么就会影响到她的一生。所以，父母对孩子的诚实教育是相当必要的。可生活中孩子撒谎的问题几乎每位父母都会遇到。

宁宁的老师打电话给宁宁妈妈，问宁宁最近两天没去上学是什么原因。妈妈也弄不明白这究竟是怎么回事，因为她每天早上都亲自把女儿送到学校门口，看到她走进了校门才转身离开。宁宁怎么可能没有去上学呢？

晚上宁宁回到家，不管爸爸妈妈如何苦口婆心地教导，宁宁就是不承认自

己没去上学。没办法，爸爸只好狠狠地揍了她一顿。最后，宁宁才一五一十地交代了她最近几天的所作所为。原来，每天等妈妈刚把她送到学校后不久，她便溜出了学校。

学校附近有一家医院，宁宁上午就在儿科泡着，下午跑到内科待着。接连几天，她就在医院的各个科室门外闲逛。宁宁说医院里人多，好玩儿，而且还不用学习，受老师的管教。她在那里待着也不着急，反正她书包里有吃的、喝的，还有她喜欢看的小人书。每天中午，她等学校放学了，就跟往常一样去妈妈的单位吃中午饭，下午放学也是准时回家。如果老师不打电话，爸爸妈妈就会被一直蒙在鼓里。

大部分父母都会把像宁宁这样的撒谎行为当作一件比较严重的事情，并对其施以严厉的惩罚。但惩罚的后果只会让孩子认为，被惩罚的原因是谎言被父母戳穿了，而不是撒谎本身。结果，孩子说谎就会变得更频繁、更老练。于是，怎样让孩子改掉撒谎的习惯便成了令父母头疼的问题。

一天，司马光和兄弟们准备吃核桃仁，一位侍女告诉司马光把核桃仁外苦涩的薄皮用水泡开就很容易剥掉。姐姐看到后，忙问是谁教的。司马光得意地说：“是我自己想出来的。”姐姐连夸他真聪明。

父亲听到了姐弟俩的对话，知道司马光在说谎，不由得紧皱眉头。他走到司马光面前，严肃地问司马光：“光儿，用水泡开核桃皮，就能剥掉它的法子是你想出来的吗？”

司马光在父亲的严厉追问下慌了神，一下子不知如何回答才好。

父亲对姐弟俩说：“一个人聪明当然很好，但是做人最重要的是诚实。如果不诚实，别人就不会相信你。失信于人当然就没有威信，也就什么事都做不成了，父亲可不喜欢说谎的孩子。”

司马光知道自己错了，他低下头小声地说：“我错了，我一定改！”从此，司马光再也没有说过谎话。

司马光的父亲重视对孩子的诚实教育，他不仅一针见血地指出说谎的危害，而且表明自己的立场和观点，使司马光从中明白了做人最重要的是诚实的道理。司马光正是在这样的家教影响下，养成了诚实的良好品质。

这样培养最有效

父母控制孩子说谎，培养孩子诚实的方法主要有以下几点：

1. 要有行为规范的具体要求

要防止孩子说谎，教育孩子诚实，光讲道理不行，要有行为规范的具体要求，让孩子从小就按诚实的标准来严格要求自己，自觉养成良好的习惯。因此，父母要针对孩子的实际情况，提出“几要几不要”的具体要求，比如不讲假话，不谎报成绩等等。

2. 要鼓励孩子说老实话

孩子有了过错，当她如实向父母汇报以后，父母在处理上，应该明显地和她说谎时不同。错误自然要批评，因为这种批评是让孩子明是非、辨善恶，是对她一辈子负责。但另一方面，父母不但不能由于孩子承认过错而加重责罚，还要对这种老实认错的行为给予表扬。这种表扬可以巩固孩子“说老实话”这一美德，同时，这对孩子勇于改正错误，极有好处。

3. 适当地对孩子进行惩戒

父母在对孩子的说谎行为进行惩戒时，要把惩戒执行得合理、巧妙，事后还要讲清道理，这样孩子会受益很大，并心悦诚服。在认真耐心的教育之后，创造一些有效的措施惩戒孩子的撒谎行为，如朗诵一个讲诚实的故事，抄写一段论诚实的名人名言，写一篇讨论诚实问题的日记或文章，取消一次外出游玩的安排等……

4. 要给孩子做诚实的榜样

诚实，是每个人都应具备的品质，父母要以诚实培养诚实，其道理是不言自明的。如果在家庭里能就诚实问题开讨论会，同时进行批评与自我批评，那效果可能很明显。同时，在孩子承认了错误以后，父母一定要称赞孩子的诚实表现：“我虽然不满你做错了事，但幸好你说出了真相，妈妈很赞赏你的诚实。”

在纠正孩子说谎的过程中，父母要根据孩子的心理特点，从关心、爱护孩子出发，细心观察孩子的言行，分清是非、区别对待，耐心地引导，决不能简单粗暴。只有这样，才能有效纠正孩子说谎的不良行为，使之成为一个诚实的孩子。

078
强化孩子的责任感

孩子“懂事”是一个渐进并强化的过程，所以让孩子对自己的行为负责的教育应该从小开始。告诉孩子，自己所做的每一件事都会带来一个后果，自己要为自己的行为负责。而现在，一些过分依赖父母的“小公主”在我们的生活中却越来越常见。

一个大雨滂沱的早晨，一位妈妈用自行车推着自己的女儿，艰难地走着。就快要到学校的时候，女儿突然喊叫起来：“呀！妈妈，你还没给我戴红领巾吧？糟了，老师今天要检查的。都是因为你，快给我回去拿，迟到了你要负责！”

这位可怜的妈妈叹了口气，无可奈何地调转车头，一边擦着满脸的雨水，一边自言自语：“是呀，我怎么给忘了呢？”而她的女儿仍旧不依不饶，冷漠严酷地责备着妈妈的粗心，俨然一副“小公主”的派头。

没戴红领巾到底是谁的责任？迟到了又应由谁负责任？在我们为含辛茹

苦养大孩子的父母捏一把汗的同时，也不禁深深地反思起我们对孩子的教育方式。这样的“为孩子着想”，到底是爱孩子，还是害孩子？

一位外国妈妈带着8岁的女儿到中国山东一户人家里来做客。

女主人对外国友人的到来非常重视，特别学习了西餐的做法。她对外国母女说：“今天我做西餐给你们吃，你们尝尝中国人做的西餐味道好不好。”

8岁的女孩听女主人要给她们做西餐，心想：中国人做西餐肯定不好吃。于是，当女主人问她吃不吃的时候，小女孩坚定地回答：“我不吃。”

等女主人把西餐端上来的时候，小女孩一眼就看到了漂亮的冰激凌。这么好看的冰激凌味道肯定很好！小女孩有点迫不及待地对妈妈说：“妈妈，我要吃冰激凌。”

女主人很高兴小女孩能够喜欢自己的冰激凌，就高兴地把冰激凌端到小女孩面前，说：“来，吃吧！”

谁知，女孩的妈妈严肃地对女主人说：“不行，我女儿说过她不吃西餐，她得为自己所说过的话负责，今天她不能吃冰激凌！”

女儿着急地哭起来：“妈妈，我就想吃冰激凌！”但是，女孩的妈妈根本不为所动，只是对女儿淡淡地说：“你得为自己说的话负责。”

女主人看着，觉得女孩的妈妈也太认真了，就说：“给她吃吧，孩子总是这样的。”

女孩的妈妈正色对女主人说：“亲爱的，我们要培养孩子的责任心。”

结果，无论女孩怎么哭闹，妈妈就是不同意让她吃冰激凌。

事实确实像这位女孩的妈妈所说的一样，只有让孩子懂得自己的行为将会产生什么后果，她才能够有记性，保证下次不再犯，同时才会让孩子学会对自己的行为去负责任。

这样培养最有效

责任心是孩子做人、成人必备的条件，有了责任心，孩子才能认真去做事，

并且对事情负责任。所以，必须让孩子从小就对自己的行为负责任。

那么，父母应该怎样培养孩子的责任心呢？

1. 要对孩子言传身教

父母应明确告诉孩子什么该做，什么不该做，做了不该做的又将受到哪些惩罚。要让孩子对喜欢做的事负责到底，明确告诉她做事的要求，并且与惩罚联系起来，让她知道一个人是要对自己的行为负责的。同时，父母要特别注意自己的行为，做到热爱家庭、热爱工作，有责任心，用正确的行为对孩子言传身教，不能把错误的、不良的习惯在不知不觉中传染给孩子。

2. 要让孩子明白什么是自己应该负的责任

首先父母要放手，让孩子学会自己的事情自己做。要让孩子明白，学习、铺床、穿衣服、洗衣服等，都应该靠自己独立完成，是自己应该负的责任。同时，还要要求孩子主动关心老人、病人和比自己小的孩子。在父母生病的时候，让孩子学会照顾父母。让孩子知道父母的生日，鼓励孩子给父母精心准备一份生日礼物。

3. 要让孩子为自己所做事情的结果负责任

无论事情的结果好坏，只要是孩子的独立行为结果，父母就不能替她承担一切，要鼓励孩子敢作敢当，不要逃避责任，勇于承担后果。

比如，当孩子遇到麻烦的时候，父母应该说："这是你自己选择的，你想想为什么会这样？"而不要对孩子说："你已经努力了，是爸爸没有帮助你。"虽然只是一句话，却反映出了观念的不同。如果你无意中帮助孩子推卸了责任，孩子将会认为自己无须承担责任，这对她以后的人生道路是非常不利的。

父母要确立让孩子为自己的行为负责的观念，不要"心太软"。比如，孩子跟着父母去朋友家做客，不小心损坏了物品，一定要带孩子一起买东西去朋友家赔偿并道歉；孩子丢了买午饭的钱，那就要让孩子饿一顿。也许父母们会觉得这样做太苛刻、太没有人情味了，但确实会给孩子在长远的人生旅途中带来极大的帮助。

必须教育孩子懂得他们不同的举动会产生不同的后果。那么，随着时间的推移，孩子一定会变得很有责任感。

079 有爱心的女孩人人爱

爱心是孩子立足社会的基础和前提，作为女孩，更不能没有爱心。当然，爱 心是通过模仿和潜移默化的渗透而逐步形成的。在孩子的童年少年时期，父母就要注重对其爱心的维护，让孩子能够认清做人的本质，真正地坚持下去。

娇娇今年11岁了，由于是独生女，全家人都对她宠爱有加。最近，妈妈发现娇娇暴露出了一种不良的苗头:每次让她把好吃的东西拿给爷爷奶奶吃，或请她帮爷爷奶奶拿东西时，她总是蛮横地扭过头去不理会，还念念有词：“自己的事情自己做。”在一次回家的路上，一个蹒跚学步的宝宝跌倒了，妈妈鼓励女儿上前把小妹妹扶起来，没想到娇娇置之不理，还说：“真笨，连走路都不会走！”

“六一”儿童节时，学校发出了《献爱心，帮助贫困孩子读书》的倡议。爸爸妈妈得知后，商量自己家也去资助一个和娇娇同龄的男孩，帮助他完成学业。当夫妻俩兴高采烈地把这个想法说给娇娇听的时候，娇娇却极为不满，说：“妈妈，你有那么多的钱为什么不给我买衣服穿，买东西吃，难道你不爱我了吗？”

妈妈说：“怎么会啊。”娇娇又说：“那我做错了什么吗？”妈妈说：

“没有啊！我爱你和这件事没有关联啊，爱是一个无限的空间，没有亲近和距离。在这个世界除了亲情的爱，还有朋友的爱……”

妈妈和女儿说了半天，娇娇还是没有任何改变，而且情绪很不好……

现代社会，像娇娇这样的独生女儿大都被父母视为“小公主”，对女儿百依百顺，给她们无限的关怀与疼爱，却没有注意培养女儿爱父母、爱他人的情感，从而使女儿认为众人对她的爱是天经地义的，而不懂得爱别人，也不知道什么是爱的奉献，什么是爱的给予。为了不让女儿的爱心枯竭、泯灭，父母不仅要爱孩子，更重要的是，必须让孩子从小就开始懂得关爱他人。看看青青妈妈是如何培养青青的爱心的：

为了培养女儿的爱心，妈妈在青青小的时候就告诉她，在这个世界上，没有哪一个人是孤立存在的。每一个人都需要不同的关爱。所以，当他人遇到了困难时，我们就应献出自己的关爱之心。

公共汽车上，妈妈对青青说：“你看，那个阿姨抱着小弟弟多累呀，我们让她们坐到这里来吧。”邻居老奶奶年老生病，妈妈带着青青去探望问候，帮老奶奶做事。新闻报道有人缺钱做手术，生命垂危，妈妈带青青去捐款，献上一份爱心……

青青受到妈妈这样的教育后，特别懂事。上幼儿园时，她们学校的一位小朋友不幸患上了白血病，她回家后提出要把自己的100元零用钱捐出去，妈妈及时地表扬了她的这种助人为乐的精神。因为妈妈的言传身教，青青的爱心已经生根发芽。在大街上看到乞讨的孤寡老人，她总是不忘给一些钱，学校里组织的希望工程捐款，她也总是捐出了所有的零用钱。

青青凭着这一份爱心，长大以后一定能顺利地融入到社会这个大家庭中，做一个对社会有用的人。

这样培养最有效

爱心教育可谓是家庭教育中不可缺少的一个环节，爱心有助于女孩身心健康发展。那么，父母应该怎么培养女孩的爱心呢?

1. 要给孩子做出榜样

经常让孩子看到父母是怎么关爱和帮助别人的，对于培养孩子的爱心最好不过了。父母用心去影响孩子，包括尊敬乡邻、爱护一草一木等，潜移默化中就可以使孩子拥有对爱心的感知。同时，父母要耐心地给孩子讲解什么是爱心，父母为什么这样做，然后再结合生活中孩子破坏玩具、撕毁图书等不良行为进行教育，使爱心具体化。

2. 不要溺爱孩子

自私自利、自我中心，是爱心的大敌，但它都来自父母对孩子过分的溺爱。为了不让孩子的爱心枯竭，父母不但要爱女儿，最重要的是让女儿学会爱。那种只管耕耘不问收获的父母之爱，只会让孩子变得一味索取、不懂回报。教育专家曾指出："溺爱是父母与孩子关系上最可悲的事，用这种爱培养出来的儿童不肯把爱心献一点儿给别人。"

3. 要培养女儿的同情心

同情别人是爱心的一种体现，自小给予孩子同情心的情感，就是在她身上培植爱心之芽。父母在对别人表示同情时，善良的言行会深深打动女儿的心灵，唤起女儿对别人的关心与爱心。父母可以用生活中所见到的事例来教育孩子，培养孩子的同情心，父母可以教育孩子关心他人、关爱动物。比如，在大街上看到一只流浪狗，父母可以问一下孩子看到狗狗的感受。其实，父母还可以让孩子在家里养一些小动物或是种一些植物，让孩子去照顾这些动物或植物，这样往往就会培养出孩子的爱心。

孩子在爱与被爱的环境中成长，就能形成良好的人格，成为孝敬父母，尊重他人，富有同情心，乐于帮助别人的人。

080

谦虚容易得到尊重

《尚书·大禹谟》说："满招损，谦受益。"谦虚是一种可贵的人格修养，同时也是一种踏踏实实的学习作风。人必须学会谦虚。不能谦虚的人往往是弱者，而很多强者一般都是虚怀若谷的。

某公司一个重要部门的经理要离职了，董事长决定要找一位德才兼备的人来接替这个位置，但连续来应征的几个人都没有通过董事长的"考试"。

有一天，一位年轻的博士前来应征，董事长通知他凌晨三点去他家考试。这位青年于凌晨三点就去按董事长家的铃，因为未见人来应门，就一直等到八点钟。最后，董事长才开了门。

进门后董事长问他："你会写字吗？"

年轻人说："会。"

董事长拿出一张白纸说："请你写一个白色的'白'字。"

他写完了，还没等到下一题出来，他就疑惑地问："就这样吗？"

董事长平静地看着他，回答说："对！考完了！"

年轻人觉得很奇怪，这算是哪门子的考试啊？

第二天，董事长在董事会上宣布，该名年轻人通过了考试，而且是一项严格的考试！

他说明："一个这么年轻的博士，他的聪明与学问一定不是问题，所以我考其他更难的。"他接着说："首先，我考他牺牲的精神，我要他牺牲睡眠，半夜三点钟来参加公司的应考，他做到了；我又考他的忍耐，要他空等五个小时，他也做到了；我又考他的脾气，看他是否能够不发火，他也做到了；最后，我考他的谦虚，我考博士五岁小孩都会写的字，他也肯写。一个人已有了博士学位，又有牺牲的精神、忍耐、好脾气、谦虚，这样德才兼备的人，还有什么好挑剔的呢？所以，我决定录用他！"

这位年轻的博士凭借着谦虚的态度，得到了董事长的赏识，获得了心仪的工作。这说明懂得谦虚的人才明白成功的真正来源。但是，现在生活中，一些孩子特别是聪明的孩子很容易产生骄傲自满的情绪，不能正确认识自己，导致成绩下降。

在常人眼里，奇奇确实比较优秀：10岁时，她获得了全市少年儿童歌咏比赛的一等奖，12岁时就在《小学生月刊》上发表了她的处女作。进入初中后，各科成绩均处于年级的前10名。

可奇奇有一个最大的缺点，就是不懂得谦虚。每当别人夸她的时候，她都喜欢在其他同学面前炫耀。由于不懂得谦虚，进入初二后，妈妈发现奇奇的成绩已渐渐下降。对此，妈妈和她交流过许多次，叫她别掉以轻心，不要老以为自己聪明，就放松了对自己的约束。可奇奇却一副满不在乎的样子，总以为自己的根底扎实，只要稍微努力就可以赶上去……

老师也常和奇奇妈妈说，奇奇在学校里只喜欢和成绩好的孩子交往，对成绩不好的同学，连话都不想和他们说。然而，就在去年期末考试的时候，奇奇由于复习不足，对自己估计过高，结果好几科考得一塌糊涂。

妈妈并不担心孩子的成绩，她最担心的是，如果女儿不懂得谦虚，那么所有的光芒都将在"骄傲自满"的阴影中消失。古时候，那个聪明绝顶的仲永，不就是因为不思进取，最后沦落成了一个对社会没有任何价值的人吗？

妈妈不想让孩子重蹈古人的覆辙，可又不知该如何教育她，才能使她慢慢变得谦虚起来。因为女儿从小就生活在一片赞扬声中，要想改变她的这种认

识，是有一定难度的。

奇奇不能谦虚地对待父母和老师的表扬，滋长了骄傲情绪，放松了对自己的要求。所以，当孩子对自己的某些特长或成绩引以为傲的时候，父母一定要提醒孩子，任何成绩的取得只是阶段性的、局部的，只能作为一个起点。知识是无边的海洋，如果一时一事领先就忘乎所以，恰恰是知识不够、眼界不宽的表现。

这样培养最有效

父母应该让孩子认识到骄傲是自己健康成长的绊脚石，努力把孩子培养成为在取得成绩后仍能保持谦虚奋进的人。

1. 多鼓励鞭策孩子

对孩子的每一个进步，哪怕是很微小的进步，也要给予适度的表扬，使孩子对自己充满自信，同时也要提醒孩子，不要骄傲自满，要不断进步，不断进取。只有一边鼓励她，一边鞭策她，才可以使她发现自己的不足，从而不断地加以改正，不断地进行弥补。

2. 不要让孩子骄傲懈怠

孩子产生骄傲往往源于自己某方面的特长和优势，父母应该先分析这种骄傲的基础：是学习成绩比较好，还是有某方面的艺术潜质什么的。然后，应让孩子认识到，她身上的这种优势只不过限定在一个很小的范围内，放在一个更大范围就会失去这种优势。正确的态度应该是积极进取，而不是骄傲懈怠，同时应该努力弥补自己的不足。

3. 不要让孩子忘记别人的帮助

父母要教育孩子，取得了一定的成绩，这确实是自己努力的结果，但也离不开家长的培养、老师的教诲和同学的帮助。

真正的谦虚是最高的美德，即一切美德之母。

081

德行天下，终身受益

一个人的发展和成功，需要多方面的因素，智力因素固然重要，非智力因素也同样重要。这就是做人的美德。儿童时代灌输的做人原则，小时候培养的品格，很大程度上决定着你的孩子将来作为社会成员的素质与层次。

崔永元1963年出生于一个军人家庭。父亲是工程兵某部的政委。父母是孩子的第一位老师。父母的言行对崔永元有着潜移默化的作用。

作为军人，崔永元的父母有着刚强的性格，但他们同时有着宽容善良的胸怀。崔永元小时候常随着部队搬家。在良乡时有一个女邻居，脾气很坏，常常生事找茬。有一次，崔永元考试考得比她儿子好，她不舒服了，含沙射影地骂一些难听的话。崔永元的母亲听到了，坦然处之，毫不纠缠，该干什么还干什么。过了几天，那个邻居有事来找她帮忙，她没事一样，照样帮她。时间长了，那邻居也觉得自己心亏了，坏脾气也改了不少。

宽于待人而严于律己，这是崔永元家传统的“家风”。有一件事给他留下了深刻的印象。崔永元很小的时候，家里养了一只可爱的花猫，它陪着孩子们玩耍，晚上冷了，就钻到崔永元被窝里取暖，全家都挺宠它。有一天，崔永元醒来，听到花猫在床下“喵喵”地叫。他下床一看，发现花猫不知从哪儿叼来了两条黄花鱼，一副扬扬得意的样子。崔永元挺高兴地把这事告诉了爸爸妈妈。可父母却带着他们顺着脚印仔细一查，发现黄花鱼是花猫从墙外叼来的，而隔墙是一个国营菜市场。他父母立刻做出决定，妈妈带着小永元和副食品定量供应本直奔菜市场，向卖鱼的叔叔阿姨说清楚情况，把两条黄花鱼的钱付给了他们，还划了副食品定量供应本。结果是猫吃了两条鱼，崔永元他们小兄弟少吃了两条鱼。这种诚实和认真令崔永元终身难忘。

崔永元成名后，人们常常问他父母是怎样教他成才的。他说，父母给了我一双硬实的腿，使我站得很稳，走得不歪。这是我一生事业的基础。他说了一件也算与他后来的职业沾点边的往事，那是小学三年级的时候，学校组织文艺演出，他很喜欢其中一个群舞《地道战》，但却没能被选上。他闷闷不乐地回到家里，被他父亲发现了。问清楚是这回事后，他父亲尽管和学校很熟，却没有帮他"说情"的意思，而是哈哈一笑，爽朗地说："小小挫折算什么呢？只要你努力，今后有的是机会。"爸爸的笑容融化了小永元心中的疙瘩，他照样热心地关心着这次演出活动。结果，另一个歌舞节目《行军路上》选中了崔永元，而且要他演主角——指导员。那次演出非常成功。学校演完后，又去了附近的农村和部队演。其中就有他父亲的工程兵团。演出结束时，他父亲作为部队政委上台和小演员一一握手，其中也有崔永元。那次握手是他们父子间唯一的一次正式握手，给崔永元留下了难忘的印象，因为他感到那是一次男人对男人的握手，父亲的手很有力，他感到一种永远的支持和信任，他觉得在父亲鼓励下走过了一段很长的路，每走一步，他就长大一分。

如果父亲当初帮他"说情"，让小永元轻易如愿，小永元就不可能获得如此实在的人生体验，也不可能有如此深刻的人生感悟。路只有自己走，孩子才能长大。

直到他成名以后，谈到他的父母亲时，他仍很动情。他说，我的父亲像太阳，光明磊落；我的母亲像月亮，温柔无边。给我们幼小的心中也注入了光和热，不给一丝阴暗的心理有存身之地。这是一种终身受用不尽的财富。

这样培养最有效

对孩子的一生最有影响力的是父母，所以，作为父母，要培养孩子做人的美德，可以从如下几个方面去做：

1. 让孩子养成豁达的性格

古语说“有容乃大”、“宰相肚里能撑船”，从互为因果的角度说出了人的肚量与事业成功的关系。随着孩子的逐渐长大，培养其广泛的兴趣，对孩子豁达性格的养成至关重要。豁达的人也有心情消极的时候，这时候若兴趣广泛，可以避消极、寻积极，及时从痛苦和忧虑中解脱出来，恢复愉快的心情。

2. 营造一个良好的家庭氛围

为了孩子，也为了全家人的幸福，家庭成员应当共同努力，创造一个和谐与温馨的家庭氛围。家庭氛围是看不见、摸不着的，却是可以实实在在感知与感受的环境，它对孩子品德、性格、情感的形成，从某种意义上说具有决定性的作用。积极、热情、善良、宽容等品格，不是单靠说教所能达到的，也不是逼迫孩子读几本书所能奏效的。

3. 父母要让孩子喜欢你、尊敬你

父母为人正直，诚恳待人，真挚守信，遵纪守法，文明礼貌，父母在人品方面应当值得孩子为之骄傲。要求孩子做到的，父母自己必先尽力去做。父母的一举一动，在不知不觉中会成为孩子的习惯。父母应当是子女的楷模。父母若有过失，应当坦率地承认自己做得不对或不好，接受孩子监督，共同改进。

教育箴言

野蛮产生野蛮，仁爱产生仁爱。孩子的心灵是洁白无瑕的。生活在什么环境中，就会被造就成什么样的人。